W0181909

Solvency 2

Impacts stratégiques et de marché

Solvency 2

Impacts stratégiques et de marché

Frédéric Morlaye

Préface de **Pierre Michel**

RB
ÉDITION

ISBN : 978-2-86325-849-1
Code Géodif : G0070791

Diffusé par les Éditions d'Organisation, 1, rue Thénard, 75240 Paris Cedex 05.

Copyright © 2017. RB Édition, 18, rue La Fayette – 75009 Paris.
www.revue-banque.fr

Toute reproduction, totale ou partielle, de la présente publication est interdite sans autorisation écrite de RB Édition ou du CFC, conformément aux dispositions du Code de la propriété intellectuelle.

Le préfacier

Pierre Michel est directeur de la réassurance et membre du Comité exécutif du groupe Covéa. Diplômé de l'École Polytechnique, de l'Institut d'Études Politiques de Paris et de l'ENSAE, actuaire, Pierre Michel a commencé sa carrière comme commissaire contrôleur des assurances, avant d'être détaché à l'Inspection générale des finances, puis auprès de la Commission européenne.

En 1998, il rejoint le groupe PartnerRe, où il dirige notamment l'Actuariat Vie Groupe avant de prendre la direction de l'activité Dommages et responsabilité au Canada. En 2007, il est appelé par la Caisse Centrale de Réassurance (CCR) pour y diriger la réassurance des catastrophes naturelles, avant d'occuper la fonction de Directeur général adjoint en charge des finances.

Il a été délégué général de la FFSA (Fédération Française des Sociétés d'Assurance devenue FFA) de 2014 à mi-2016.

L'auteur

Frédéric Morlaye est *Managing Director*, en charge des solutions de gestion de capital pour les sociétés d'assurance en Europe chez BNP Paribas *Corporate and Institutional Banking*. Il a participé à de nombreuses transactions publiques ou privées de capital contingent, de réassurance structurée, d'optimisation du rendement des actifs, d'ALM et de gestion de liquidité pour des assureurs et réassureurs dans un cadre réglementaire ou *rating* contraint.

L'auteur a débuté sa carrière au ministère des Finances à l'Inspection générale des finances, avant de rejoindre l'Autorité de contrôle des assurances et des mutuelles (ACAM, devenue ACPR) comme commissaire, en charge notamment de la supervision prudentielle d'assureurs.

Il a intégré le cabinet de conseil en stratégie Roland Berger Strategy Consultants, puis la banque d'investissement en qualité de responsable de la couverture institutionnelle des sociétés d'assurance en Europe et de responsable de structuration *cross-asset* sur le marché de l'assurance.

Il est diplômé de l'École Polytechnique et de l'Institut d'Études Politiques de Paris, et ingénieur du Corps des Mines. Il a enseigné pendant plusieurs années l'économie et la finance à l'Institut d'Études Politiques de Paris et à l'ESCP-EAP et est l'auteur de *Risk Management et Assurance* (Éditions Economica, 2006).

PRÉFACE

Le lecteur a entre les mains un ouvrage précis et riche d'enseignements concrets. Il fourmille d'exemples, d'études de cas, de pistes d'action. C'est parce que Frédéric Morlaye nous y livre ses constats et réflexions formés à la faveur de son parcours au sein du contrôle des assurances, du conseil, du courtage et de la banque. L'amour de l'analyse, qu'il a nourri au cours de sa double formation d'ingénieur et de financier, rejoint aussi bien l'expérience tirée de sa pratique professionnelle que son sens pédagogique aiguisé au fil des différents ouvrages dont il est déjà l'auteur.

L'introduction est abordée avec la hauteur de vue que le sujet requiert : en faisant Solvabilité 2, l'Europe a opéré une révolution dans son modèle de réglementation et de supervision de l'assurance. D'emblée, l'auteur nous plonge dans le contexte économique et financier qui l'a abritée, situe ce cadre dans sa dynamique historique, politique, sociale et démographique. Il explique la première grande mutation industrielle de l'assurance, le *big data*, face à laquelle cette réforme doit déjà prouver sa pertinence, elle qui vient à peine de voir le jour. Premier défi d'une initiative dont la gestation a été trop longue – et pour cause ; elle a elle-même semé tant d'écueils sur son propre cours – pour être pleinement adaptée à un monde qui s'est transformé depuis le début des travaux.

Autres témoins de ces transformations, les taux bas scellent la nécessité pour l'ensemble des acteurs de se placer très vite au niveau de maturité supérieur dans leur manière d'évoluer sous Solvabilité 2. Tous ceux qui n'y sont pas encore – et ils existent des deux côtés, entreprises et superviseurs –, doivent passer de l'administration mécanique de process à l'étape suivante, celle de la résilience financière et de l'allocation de fonds propres. Frédéric Morlaye signale ce passage, avec raison, comme étant la priorité des priorités.

Ne nous y trompons pas : l'allocation de capital n'est pas un calcul en chambre qui n'intéresserait que les actuaires, les *risk managers* et les analystes. C'est au contraire l'une des activités qui se déroulent au cœur de la stratégie industrielle. Il s'agit d'employer à bon escient la matière première même de l'assurance : la mobilisation de sa capacité financière au service des risques assumés. Quelles catégories et montants de risques prendre à son bilan, face à quelle qualité et quelle quantité de capital ?

Question d'opportunités de marché. Question de compétences et de ressources. Question de positionnement stratégique. Question, aussi, de la rentabilité marginale que l'on espère extraire de l'activité. Ces optiques convergent : de quelque point de vue que l'on se place, on cherchera à minimiser sa contrainte de capital sous Solvabilité 2 pour préserver et, si possible, accroître sa marge de manœuvre.

Il n'est donc pas anodin qu'une fois le panorama dressé, l'ouvrage s'attelle à élucider les enjeux stratégiques de Solvabilité 2. Le pilier 1, bien sûr, avec ses partis pris et sa complexité opératoire, qui ouvrent la voie à différentes possibilités d'optimisation. Le pilier 2 ensuite, et singulièrement l'ORSA, dont le rôle clé fait à juste titre l'objet de développements appuyés. Il est décrypté comme étant « le véritable cœur de Solvabilité 2 ». C'est là que se noue le lien entre le modèle quantitatif, le marché – clients, produits, concurrents –, les choix opérationnels, les fonds propres et les facteurs exogènes. Et tout cela, à l'horizon auquel l'entreprise projette sa stratégie. Le pilier 3 n'est pas oublié, les enjeux de la transparence et de la communication financières étant tout sauf étrangers à l'auteur.

Dans le style vivant et concret du praticien qui sait que, dans la vraie vie, les modèles jouent le rôle de langage commun qui sous-tend les discussions entre assureurs, marchés financiers et autorités de contrôle, Frédéric Morlaye donne chair, sous les yeux du lecteur, aux raisonnements qui permettent d'en tirer le meilleur parti au profit de la stratégie d'entreprise.

C'est ainsi que cet ouvrage occupe une place particulière dans le paysage des livres consacrés à Solvabilité 2. Il va au-delà de son titre en cela qu'il constitue une introduction à l'ingénierie financière dans l'assurance. D'une part, tout en traitant l'ensemble des dimensions du nouveau régime prudentiel européen, il aménage une place particulière aux questions de financement, d'investissements, de gestion actif-passif et de couverture des risques financiers, y compris du risque de rachat en assurance vie. D'autre part, il plonge le lecteur dans le moteur de la prise de décision : on voit se former les raisonnements, les considérants, les pesées, les arbitrages. Leurs conséquences en découlent, mathématiques.

Il faut s'arrêter un instant sur ce mot, mathématiques. L'auteur formule certaines critiques qui montrent suffisamment quel recul il faut prendre par rapport à Solvabilité 2. Ce dispositif pèche, essentiellement dans son pilier 1, par sa propension excessive à instrumentaliser les modèles. À trop vouloir saisir la complexité des mécanismes et de l'économie de l'assurance, ce régime impose des calculs trop pointilleux et nombreux, en somme trop artificiels, pour pouvoir être une juste représentation des choses. Qui trop embrasse mal étreint.

Les autorités de contrôle se comportent parfois comme si elles oubliaient que Solvabilité 2 est d'abord un complexe de conventions. Or ces conventions sont datées. La fin des années 1990-début des années 2000 est l'époque déjà dépassée à laquelle la croyance dans la supériorité des valeurs instantanées de marché sur toute autre norme comptable atteignait son point culminant. Il était d'usage de considérer qu'un modèle, même faux dans sa représentation de la réalité, était meilleur qu'une formule forfaitaire, y compris lorsqu'elle avait démontré sa grande robustesse (le lecteur aura reconnu Solvabilité 1), pourvu qu'il soit mathématiquement sophistiqué.

On sait – du moins, on devrait savoir – aujourd'hui qu'un jeu de règles comptables ne vaut que relativement à sa finalité et qu'un modèle faux est... faux. Solvabilité 2 aura rendu d'éminents services lorsqu'elle sera comprise comme une transition vers une réglementation plus mûre, qu'elle aura fédéré les entreprises, les autorités et les marchés autour de la compréhension commune du caractère prépondérant du pilier 2, qui réunit ORSA et règles de gouvernance. Le pilier 1 doit évoluer pour devenir lisible et prévisible, se débarrasser de son caractère procyclique et volatil. Le pilier 3 pourra, dès lors, réellement remplir son rôle, essentiel s'il en est, de discipline de marché *via* une transparence bien comprise.

Soyons clairs : dans cette attente, Solvabilité 2 a beau être inaboutie, elle reste utile. Elle exerce les entreprises à développer leurs ressources et leurs systèmes analytiques. Elle les amène à former leurs collaborateurs et leurs organes de direction et d'administration à se prononcer en fonction de scénarios et de leurs combinaisons. Elle met en relief les stratégies de couverture et les problématiques de qualité des données. Enfin, elle rend toute sa place à la notion de diversification.

Ce livre de Frédéric Morlaye a le très grand mérite de nous amener à nous poser les bonnes questions et de nous donner des pistes opérationnelles pour y répondre, fondées sur une théorie et une pratique aussi solides l'une que l'autre. Il apportera à ses lecteurs les outils pour s'orienter avec lucidité et efficacité sous Solvabilité 2.

Pierre Michel
Membre du comité exécutif de Covéa.
Ancien délégué général de la FFSA (devenue FFA).

SOMMAIRE

INTRODUCTION

Tant attendu, tant redouté, le nouveau cadre de régulation des sociétés d'assurance européennes Solvabilité 2 est enfin entré en application le 1er janvier 2016. La directive de 2009 posait les jalons, que la Commission européenne a clarifiés et précisés dans un texte de deuxième niveau, publié en janvier 2015 (*Règlement délégué 2015/35 du 10 octobre 2014, complétant la directive 2009/138/CE du Parlement européen et du Conseil sur l'accès aux activités de l'assurance et de la réassurance et leur exercice*). C'est peu de dire que le changement de paradigme fut total par rapport aux anciennes normes, dites Solvabilité 1. Et malgré des années de maturation, de *lobbying* parfois, malgré cinq études quantitatives d'impact (*Quantitative Impact Studies* – QIS5) destinées à calibrer les exigences de capital notamment, plusieurs *stress-tests* menés à la fois par l'EIOPA (*European Insurance and Occupational Pensions Authority*, organisation européenne jouant le rôle d'expert technique de l'assurance auprès des institutions communautaires) et par les autorités nationales de supervision, le précédent Bâle 3 également, le réveil fut particulièrement douloureux pour de nombreux assureurs. Et curieusement, le bât n'a pas blessé là où on l'attendait, à savoir au niveau des exigences brutes de capital (premier pilier de Solvabilité 2), mais au niveau même de l'exploitation des sociétés. L'ancien monde a vécu. Les contrats à taux garantis, appelés « contrats en euros », « branche 21 », « Ramo 1 » ou « Defined Benefits », suivant les pays européens, sont amenés à évoluer massivement ou à disparaître. Solvabilité 2 en est une des causes. Les conditions de taux historiquement bas, à la suite de la terrible crise financière de 2008, en sont certainement une autre, d'une envergure majeure. Le monde change, l'assurance aussi. Ce changement a été parfois anticipé, mais il a souvent été attendu avec une forme de déni. Il est pourtant bien là.

Solvabilité 2 modifie les règles du jeu, de façon sans doute encore plus profonde que Bâle 3 n'a changé l'environnement bancaire. Parce que les assureurs partaient de plus loin, certainement, avec des normes réglementaires antérieures finalement peu liées aux réalités économiques. Mais également parce que, comme nous l'avons suggéré ci-dessus, ce changement est arrivé à un moment bien particulier, et dans des conditions de marché inédites. Mi-2016, près de 12 trillions de dollars (12 000 milliards de dollars) de dettes souveraines affichaient un taux actuariel négatif ! Au 1er juillet 2016, les taux d'intérêt suisses étaient négatifs jusqu'à 50 ans ! Le taux de référence à 10 ans allemand, le « Bund », était à -35 points de base ! Soit, en termes profanes, une situation où des investisseurs, censés être rationnels, payaient le Gouvernement allemand pour avoir l'honneur de lui prêter de l'argent à 10 ans ! Bien sûr, ces investisseurs sont rationnels et ils ne le font pas par philanthropie ou par esprit de patriotisme mais bien parce qu'ils n'ont pas le choix, et que dans l'incertitude qui parfois les étreint devant la volatilité des marchés, la solidité du Gouvernement allemand reste une référence. Mais ce que le Gouvernement allemand y gagne, l'épargnant, précautionneux qui souhaite préparer sa retraite, et l'assuré y perdent naturellement. Et, comme un malheur n'arrive jamais seul, Solvabilité 2 a également été lancé en plein bouleversement démographique, social et technologique.

Les protections sociales, nées aux lendemains de la Seconde Guerre mondiale et enrichies, au sens propre, durant les « Trente Glorieuses », sont à un croisement de leur parcours. Non parce que le contrat social qui les a vu naître aurait changé, bien sûr. Mais parce qu'elles sont de plus en plus difficiles à financer alors que la natalité baisse, que les générations du « Baby-Boom » partent à la retraite, et que la croissance reste atone dans de nombreux pays. Cela semble évident, mais on ne peut guère redistribuer que les richesses qui ont été créées...

Le changement est également technologique. Il est de bon ton de parler de « big data » à toutes occasions. Le « big data » change la vie. Le « big data » change l'entreprise. Le « big data » change l'assurance... Derrière les mantras, se cache effectivement une double réalité. Oui, le « big data », ou la digitalisation, change et changera l'assurance, comme elle change toutes les activités humaines complexes, qui s'appuient sur des données pour fabriquer des produits, segmenter les clientèles, tarifer de façon fine les contrats... L'assurance a prospéré sur le développement des sciences actuarielles, et quelle autre science que celle-ci peut bénéficier de la massification des **données exploitables** ? Le « big data » permet de consolider des données considérables, de sources très variées, de les harmoniser, de les nettoyer et, surtout, de les utiliser. Mais les évolutions technologiques pèsent et pèseront encore plus sur le marché de l'assurance. Elles créent tout d'abord de nouvelles **opportunités de produits**. Qui parlait de contrats de couverture de cyber-risques il y a quelques années encore ? Des nouveaux risques sériels lies aux biotechnologies ? De l'assurance des voitures autonomes ? Les nouvelles technologies, qui éclosent tous les jours et qui bouleversent la vie quotidienne, changent aussi la souscription des assureurs. Mais il y a plus : le marché de l'assurance est aujourd'hui menacé par de nouveaux acteurs. Il est peu probable que la désormais célèbre « ubérisation » de l'économie touche ce secteur de façon aussi forte qu'elle a touché le marché des loisirs par exemple, car l'assurance demeure complexe, hautement régulée. La pénétration de ce marché requiert des investissements substantiels, pour couvrir des coûts fixes élevés.

La menace vient donc moins de *start-up* d'assurance que d'acteurs majeurs, maîtrisant déjà les technologies, disposant de bases de données considérables, d'une notoriété qui faciliterait le marketing, etc. Pour reprendre des noms désormais célèbres, la principale menace sur les assureurs provient moins d'Uber, que de Google, d'Apple ou Facebook...

Solvabilité 2 est donc un nouveau cadre, propose de nouvelles règles du jeu. Mais comme dans chaque jeu ou sport collectif, il n'y a pas qu'une seule stratégie gagnante et les sociétés d'assurance commencent à le découvrir. Les dernières années et les tout derniers mois furent consacrés à la validation des modèles, à la mise en place de la « tuyauterie », des règles de gouvernance. Les prochains mois et les prochaines années seront consacrés à l'évolution – parfois en profondeur – des pratiques d'exploitation et de la stratégie des assureurs. La priorité des priorités sera spontanément consacrée à la **résilience financière** dans l'environnement de taux bas. C'est certainement un mauvais moment à passer, et d'autant plus que nul ne sait vraiment combien de temps il durera... L'exemple japonais illustre qu'il est bien hasardeux de prévoir comment une situation de stagnation économique et de (quasi-) déflation peut évoluer. Mais plus fondamentalement, le nouvel environnement réglementaire bouleverse définitivement la façon de travailler des assureurs, de **concevoir leurs risques**, d'**allouer leur capital** et finalement de prévoir les conditions de leur **rentabilité**. Un euro de capital est-il mieux dépensé pour couvrir un risque technique, une garantie financière, ou la volatilité d'un actif financier ? Est-il plus efficace de réassurer des risques de souscription ou de couvrir des risques financiers *via* des produits dérivés, si l'on veut économiser du capital ou augmenter le ROE (*Return on Equity*) ? Ou même est-il plus rentable de modifier le portefeuille de produits d'assurance, en proposant des garanties moindres aux assurés – au risque de les voir partir à la concurrence si d'autres demeurent plus généreux – ou de prendre plus de risques à l'actif, pour maintenir ces garanties généreuses mais coûteuses en capital ? Et plus finement, quelles sont les meilleures solutions de gestion de capital ? Pourquoi un euro de capital devant éponger les premières pertes et un euro de capital destiné à couvrir un événement climatique centennal aurait-il le même « coût » ? Le risque n'est pas le même et la probabilité de pertes non plus. Donc des solutions d'optimisation économique – et réglementaire – existent nécessairement. Ce sont toutes ces questions que le nouveau cadre réglementaire Solvabilité 2 soulève. Et elles illustrent la complexité et la richesse d'une industrie qui est encore la première au monde, en termes de chiffre d'affaires : l'assurance.

CHAPITRE 1

Présentation de Solvabilité 2

Entre la directive 2009/138/EC dite « Solvabilité 2 », les Actes délégués évoqués en introduction (règlement délégué 2015/35) et les innombrables pages de *Consultation Papers*, d'avis, de commentaires, ce sont des milliers de pages, littéralement, qu'il convient d'expliciter... ou de résumer, plus modestement. L'objet de ce chapitre n'est nullement de viser à l'exhaustivité ou à la précision extrême, mais plutôt d'esquisser l'esprit, l'architecture et les grandes lignes du nouveau cadre réglementaire, pour ensuite en dessiner les conséquences organisationnelles et stratégiques sur l'exploitation des assureurs. Il faudra évoquer l'histoire, plus ou moins lointaine. Il faudra parler normes et règles. Et il faudra également présenter et commenter les premières photographies du marché post-Solvabilité 2. De nombreux assureurs avaient anticipé l'entrée en vigueur de la directive et publiaient depuis plusieurs mois des chiffres *pro-forma* de Solvabilité sous le nouveau régime, ou de capital économique dont la calibration était calquée sur celle de Solvabilité 2. Mais depuis le 1er janvier 2016, tous les assureurs doivent suivre et publier leurs chiffres. Nous pourrons également réfléchir autour de ces premières publications. Mais débutons par quelques mots d'histoire.

1.1. Bref rappel historique : la régulation européenne

Les premières traces d'assurance remontent à l'Antiquité, quand des caisses de secours mutuelles permettaient à des commerçants itinérants de se protéger contre les pillages de caravanes en Mésopotamie. Plus récemment, le premier contrat « moderne » d'assurance connu aurait été souscrit à Gênes en 1347, afin de protéger les armateurs contre la perte de leur cargaison et de leur coque. Plus proche de nous encore, le célèbre Lloyds de Londres, créé en 1688, a formalisé un modèle qui perdure encore aujourd'hui, où des apporteurs de capital mutualisent leurs moyens pour assurer conjointement des risques lourds qu'ils ne pourraient souscrire individuellement. Or, avec la croissance économique de l'après-guerre, le développement des protections sociales et l'avènement de la société de consommation, le marché de l'assurance a pris une tout autre ampleur au sein des pays développés. Très logiquement, lorsque les ménages et autres agents économiques s'enrichissent et accumulent du patrimoine, ils sont de plus en plus résolus à dépenser un peu – en payant une prime – pour couvrir les conséquences parfois terribles d'un événement adverse. Cette réalité micro-économique a été parfaitement analysée par la recherche scientifique et documentée par le réassureur Swiss Re notamment, dans ses analyses annuelles du marché de l'assurance mondiale. Mais l'essor de l'assurance, durant cette période, a été favorisé par les pouvoirs publics qui, conscients que les évolutions techniques créaient de nouveaux risques (l'automobile par exemple) ou, plus fondamentalement, que le progrès social passait par la mutualisation des risques, ont encouragé le secteur *via* certaines obligations légales. Ainsi, le marché de détail de l'assurance non-vie a connu un développement exponentiel dès lors que la souscription d'une assurance automobile devenait obligatoire pour prendre la route.

Mais au-delà de ces couvertures obligatoires, ou fortement encouragées par les pouvoirs publics, l'assurance fut rapidement appréciée comme un marché singulier, qui justifiait, pour des motifs d'ordre et de bien public, une réglementation et une régulation particulière. Ce point est fondamental, et transcende d'ailleurs les systèmes économiques. Ainsi, à quelque chose près, les mêmes approches ont été retenues pour réguler le marché et les acteurs d'assurance dans des pays sociaux-démocrates ou dans des pays beaucoup plus libéraux. Preuve en est que l'assurance, comme la banque, n'est pas une industrie comme une autre. Cet environnement réglementaire, né dans chaque pays européen, a été harmonisé pas à pas, aboutissant aux premières directives appelées, désormais, Solvabilité 1. Bien sûr, nul n'appréhendait qu'il y aurait un jeu de normes dit « Solvabilité 2 » à l'époque, et ce que l'on appelle aujourd'hui Solvabilité 1 fut en réalité deux directives principales, une sur l'assurance vie et une sur l'assurance non-vie, publiées en 1973 (73/239/CEE).

Les règles de Solvabilité 1 furent particulièrement simples. Elles reposaient sur un triptyque prudentiel et sur un jeu de normes commerciales et organisationnelles. Le triptyque prudentiel fut le suivant :

- **Pilier 1** : la société d'assurance devait calculer de façon prudente ses provisions techniques. Ces provisions techniques n'étaient pas, le plus souvent, actualisées de façon économique (à un taux de marché) et, pour la plupart des branches non-vie (à l'exception des rentes viagères), pas actualisées du tout !
- **Pilier 2** : la société d'assurance devait disposer, en couverture de ces provisions techniques, d'actifs de bonne qualité, congruents (en devise), diversifiés et raisonnablement liquides. Évidemment, ces notions de « qualité » n'étaient

pas uniquement laissées à la libre appréciation des assureurs mais fortement encadrées par la réglementation dans les différents pays.

- **Pilier 3** : enfin, la société d'assurance devait disposer d'un excédent de fonds propres, appelé « marge de solvabilité », destiné à couvrir des développements adverses tels une aggravation de certains sinistres ou l'occurrence d'événements climatiques extrêmes.

Ces règles ont perduré jusqu'en 2016 dans la plupart des pays, même si des améliorations furent apportées ici ou là, ou si certains pays introduisirent avant Solvabilité 2 un régime dual, avec un deuxième cadre réglementaire plus économique (tel l'ICA[1] /2e pilier au Royaume-Uni). Plus précisément, chaque assureur se devait, en sus de ses provisions techniques prudentes, de disposer d'un capital qui était calculé par rapport à des données volumétriques sur le passif (exclusivement).

Tableau 1 – **Calcul de l'exigence de marge de solvabilité avant le 1er janvier 2016**

	Assurance vie	Assurance non-vie
Charges sur le passif	4 % des provisions mathématiques pour les activités d'épargne. 1 % des provisions mathématiques pour les unités de compte (lignes où les assurés portent les risques financiers). Entre 0,1 % et 0,3 % des « sommes à risque » pour les engagements de mortalité.	Le maximum de • Entre 16 % et 18 % des primes brutes (de cessions en réassurance). • Entre 23 % et 26 % des charges de sinistres brutes de réassurance.
Charges sur les actifs	Aucune	Aucune

Ces charges pouvaient être réduites *via* l'utilisation (quasi exclusive) de réassurance en quote-part, à concurrence de plafonds prévus dans les textes et sous certaines contraintes liées notamment au nantissement des engagements des réassureurs, avant la directive réassurance du milieu des années 2000.

Sans surprise, cette approche, si elle avait le mérite d'exister et de proposer un « champ de bataille » *a priori* homogène en Europe, restait très grossière et assez peu économique. Deux défauts majeurs notamment condamnaient, à terme, ce jeu de normes Solvabilité 1 :

1. *Individual Capital Assessment.*

- **L'absence d'actualisation économique des passifs**. Les provisions techniques sont, par définition, la somme actualisée des engagements bruts de la société d'assurance vis-à-vis de ses assurés. Ces engagements, suivant les lignes d'assurance, peuvent s'étendre sur des années et même des décennies, pour l'épargne retraite viagère par exemple, la garantie construction (décennale) ou les lignes de responsabilité civile et professionnelle. Sur de telles périodes, la « valeur de l'argent » et le niveau des taux d'intérêt jouent un rôle fondamental. Or, les règles d'actualisation de ces provisions techniques sous Solvabilité 1 restaient sommaires. En fait, soit les taux d'actualisation retenus étaient figés une fois pour toutes à des niveaux quasi arbitraires (cas des lignes d'épargne) et opportunément plus élevés que les taux de marché, soit ils étaient nuls (pour l'assurance non-vie) !
- **L'absence de chargement spécifique sur les actifs**. Cette particularité est encore plus stupéfiante avec du recul, et notamment à la lumière des chiffres de Solvabilité 2 où entre 40 % et 75 % des besoins de capital proviennent des actifs et non des passifs ! Mais si les actifs n'étaient grevés d'aucune charge en capital, les régulateurs avaient néanmoins introduit des règles assez strictes en matière d'investissements autorisés. Ainsi, une liste exhaustive d'actifs éligibles était proposée (ancien article R-332-2 du Code des assurances), et des règles additionnelles de diversification et de cumul étaient imposées, par ligne/émetteur et par classe d'actif. Plus anecdotiquement certains actifs spécifiques devaient valider certains critères additionnels pour être éligibles, comme les prêts, les BMTN/EMTN (Bons à Moyen Terme Négociables/*Euro Medium Term Notes*) ou les produits dérivés.

Dans l'ensemble, ces règles de Solvabilité 1, aussi imparfaites étaient-elles, ont permis de rationaliser le marché de l'assurance, d'homogénéiser quelque peu les besoins de capital et le cadre compétitif européen, et surtout d'assurer la stabilité du marché et sa résilience. Il y aurait fort à dire en détail, mais il faut reconnaître que bien peu de faillites de sociétés d'assurance ont été enregistrées en Europe depuis le début des années 1970 et plus particulièrement après 2008, qui vit pourtant se dérouler la pire crise financière depuis les années 1930. L'assurance a souffert bien sûr, mais ni l'éclatement des bulles immobilières ou Internet au début des années 1990 et 2000, ni la faillite de Lehmann Brothers et ses suites dramatiques n'ont eu d'effets systémiques sur l'assurance européenne[2].

---

2. Ce qui ne fut pas le cas dans d'autres juridictions, si l'on se souvient par exemple des difficultés d'AIG Financial Products. Mais même dans cet exemple, il convient de noter qu'il s'agissait d'une filiale financière du groupe AIG, et non de l'activité d'assurance à proprement parler.

Mais alors que les carences de Bâle 2 se faisaient jour du côté bancaire, les législateurs européens ont décidé de hâter la mise en place d'un nouveau cadre prudentiel. Le cahier des charges était simple dans son esprit, mais s'avéra redoutablement complexe à développer en détail : créer un « champ de bataille homogène » (*level playing field* en anglais) et un régime économique, fondé sur la règle d'airain des valorisations de marché. Il fallait donc tout reprendre et changer complètement le paradigme. À un régime fondé largement sur la comptabilisation en coût historique, sur l'encadrement, parfois tatillon, des règles d'investissement, et sur des calculs des provisions techniques et des fonds propres prudentiels non « économiques » ou « market-consistent », devait se substituer un régime totalement *market-consistent*.

1.2. Solvabilité 2 : une structure en 3 piliers

Les législateurs (et régulateurs) européens ne partirent néanmoins pas d'une feuille blanche, car un régime similaire avait déjà été mis en place, dans la douleur également : le régime de supervision prudentiel des banques intitulé Bâle 2, auquel, dans la foulée de la crise financière de 2008, on substituera Bâle 3. L'idée n'était bien sûr pas de disposer d'une copie conforme du régime bancaire, tant les *business models* des deux industries sont différents. Mais Solvabilité 2 reprend la structure en 3 piliers et en plusieurs « couches » de Bâle 3 (processus européen dit Lamfalussy). Les 3 piliers, que nous allons étudier plus en détail, disposent 1) du régime de fonds propres prudentiels et de calcul des provisions techniques, de la valorisation des éléments de bilan et de détermination des besoins de solvabilité et critères d'éligibilité des éléments de fonds propres, 2) de la définition du profil de risques et de la gouvernance des sociétés d'assurance et 3) des règles organisant la communication financière vis-à-vis des autorités de supervision, du marché et des assurés (et autres *stakeholders* plus généralement).

Beaucoup d'attention a été, et demeure, focalisée sur le premier pilier, qui résume les exigences quantitatives auxquelles les assureurs doivent faire face. Le calcul du SCR (*Solvency Capital Requirement*) en est l'élément cœur. Mais de plus en plus, l'attention des régulateurs se tourne vers le deuxième pilier, et notamment la définition et la cohérence du profil de risques retenu par le management avec les actions stratégiques entreprises. Encore largement méconnu ou mal appréhendé, ce deuxième pilier et l'ORSA (*Own Risk and Solvency Assessment*), notamment, seront appelés à prendre une importance croissante à l'avenir. Enfin, le troisième pilier devra être harmonisé. La communication vis-à-vis du régulateur est là encore clé, et les exigences temporelles (sortir des états réglementaires rapidement après la clôture comptable) et de qualité des données (notamment en termes de granularité ou de transparence des éléments d'actifs, y compris des organismes de placement collectif en valeurs mobilières – OPCVM) sont particulièrement ambitieuses. Des investissements massifs ont été réalisés au cours des dernières années par les assureurs afin de faciliter ces *reportings*, en quantité et en qualité. Mais la communication financière concerne également les marchés et, sur ce point, force est de constater, nous le verrons, que des progrès sont encore nécessaires afin d'harmoniser les publications comptables (*disclosures*), concernant notamment la sensibilité des résultats à certains chocs de marché, la prise en compte ou non des mesures dites transitoires, etc.

1.2.1. Premier pilier : exigence en capital (en quantité... et en qualité)

Le premier pilier de Solvabilité 2 s'appuie sur 4 principes de base, que nous pouvons synthétiser dans le Graphique 1 ci-dessous.

Graphique 1 – **Bilan sous Solvabilité 2 et principes de base du premier pilier**

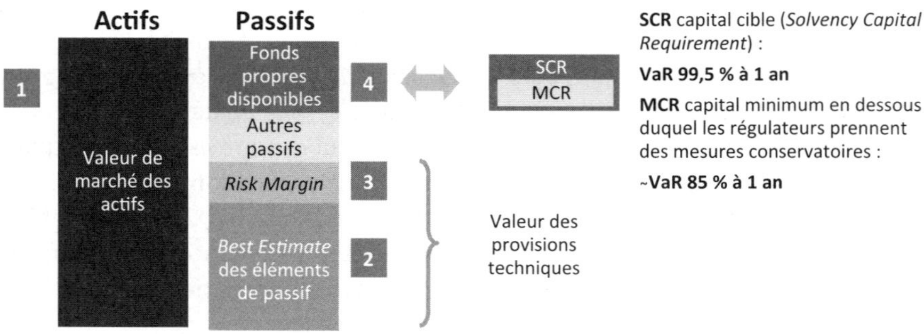

Point 1 : valorisation des éléments d'actifs au marché.

Dans le cadre prudentiel de Solvabilité 2, par défaut, les actifs doivent être valorisés au marché, à l'exception des intangibles qui, en général et de façon conservatrice, doivent être valorisés à 0 lorsqu'il n'existe pas de marché organisé pour les échanger (deux exceptions majeures à ce principe sont les crédits d'impôts différés [3] et les profits futurs). Ce principe est en totale opposition avec le principe

3. DTA : *Deferred Tax Assets*.

antérieur sous Solvabilité 1 qui s'appuyait essentiellement, nous l'avons vu, sur la valorisation des éléments d'actif en coût historique. Cette réalité n'est pas juste un changement de référentiel comptable. C'est un changement massif de pratique et de gestion des actifs, comme nous le verrons.

Point 2 : valorisation des provisions techniques au *Best Estimate*.

Les passifs techniques sous Solvabilité 2 ne sont plus déterminés de façon prudente, mais au contraire au plus juste (*Best Estimate* en anglais, terme que nous retiendrons car il est le plus couramment utilisé par les acteurs). Il s'agit de retenir simplement, en termes statistiques, la **médiane** de la distribution des *cash-flows* que l'assureur devra régler au fil des ans à ses assurés, nette des *cash-flows* que l'assureur devra recevoir des mêmes assurés, des frais de gestion et éventuellement des recours, mais brute de réassurance. Cette valorisation doit également tenir compte des **options et garanties** incluses dans les contrats, qui doivent, autant que possible, être valorisées au marché ou conformément à des modèles *market-consistent* (y compris la « valeur temps » des options). Ces options et garanties peuvent être de natures très diverses, mais nous pouvons en citer quelques exemples illustratifs : les taux garantis proposés aux assurés pendant une durée déterminée ou pendant la durée du contrat ; la capacité des assurés à retirer tout ou partie de leurs fonds d'un contrat à tout moment à la valeur acquise... Ces options et garanties sont en général très « exotiques », en termes financiers. C'est-à-dire qu'elles n'existent pas dans des marchés liquides et profonds et doivent, par conséquent, être valorisées le plus souvent *via* des modèles de diffusion, de type Monte-Carlo, ou être approchées par des instruments financiers tels des *swaptions*, des *floors* de taux d'intérêt, des *caps* de taux d'intérêt...

Enfin, les *cash-flows* des passifs techniques doivent être actualisés afin de tenir compte de la « valeur de l'argent ». Les règles d'actualisation ont changé au fil des itérations de la directive et des Études Quantitatives d'Impact. Retenons qu'il s'agit d'une actualisation à un taux de marché : le **taux de *swap***. Ce taux subit néanmoins certains ajustements. 1) il intègre un risque de crédit vis-à-vis des contreparties (un taux de *swap* étant un taux interbancaire par définition, il faut intégrer le risque de défaut des banques) ; 2) les marchés des *swaps* étant de moins en moins liquides lorsque les maturités augmentent, Solvabilité 2 a retenu une date butoir (20 ans pour l'euro) au-delà de laquelle le taux d'actualisation n'est plus un taux de marché, jugé trop incertain et peu représentatif, mais une extrapolation jusqu'à un taux d'équilibre de 4,2 %, appelé UFR (*Ultimate Forward Rate*). Pour tenir compte de l'illiquidité de certains passifs et éviter que des effets de *mark-to-market* à court terme puissent entraîner des impasses économiques « artificielles » dans l'exploitation des sociétés d'assurance, le taux de *swap* est ajusté alternativement de deux marges complémentaires. Il s'agit pour les passifs spécifiques de rentes viagères en paiement[4] (uniquement) de la **marge d'ajustement** (*matching premium*). Pour les autres passifs, on utilise la **marge de volatilité** (*volatility margin*). Cette *volatility margin* est déterminée par une formule produite par l'*European Insurance and Occupational Pensions Authority* (EIOPA) qui s'appuie sur des portefeuilles notionnels types par pays.

Point 3 : la marge de risque (*risk margin* en anglais).

Afin de tenir compte de la difficulté de valorisation de certains passifs, qui n'ont pas de valeur de marché à proprement parler mais une valeur de modèle, la directive Solvabilité 2 requiert d'ajouter cette *risk margin* au *best estimate*. Le calcul de la *risk margin* est simple, en théorie. Il s'agit de déterminer le coût de capital qu'un assureur tiers devrait supporter s'il se voyait transférer les passifs en question à leur *best estimate*, avec les actifs correspondants. Cet assureur devrait calculer un SCR sur les passifs (et les actifs, même si le régulateur considère qu'il pourrait réduire le SCR sur les actifs au maximum en investissant uniquement en obligations souveraines) et devrait donc prévoir le portage de ce SCR à un coût de capital forfaitaire – et arbitraire (?) – de 6 %, d'après la réglementation.

Point 4 : le besoin de capital réglementaire (MCR et SCR) et les fonds propres disponibles.

Enfin, les assureurs doivent disposer à tout moment d'un excédent d'actifs par rapport aux passifs réglementés, au moins égal à un montant défini par les textes. Cette marge de solvabilité est destinée à s'assurer que les assureurs peuvent absorber des pertes exceptionnelles, liées à des chocs économiques, à des événements climatiques ou à des problématiques opérationnelles, et donc restent en mesure d'honorer leurs engagements vis-à-vis de leurs assurés dans ces situations stressées. Ce niveau de marge de solvabilité minimale a été décliné en deux indicateurs sous Solvabilité 2, alors qu'il n'y en avait qu'un seul sous Solvabilité 1 : le **MCR** (*Minimum Capital Requirement*) et le **SCR** (*Solvency Capital Requirement*). Le MCR, comme son nom l'indique, est le niveau minimal de fonds propres qu'un assureur doit porter à tout instant pour être autorisé à poursuivre son activité. En cas de rupture de ce montant, l'autorité de supervision prudentielle prendrait des mesures conservatoires pouvant aller jusqu'à la liquidation de l'entreprise et le transfert de ses engagements à d'autres acteurs. Le SCR est le niveau de capital cible que chaque assureur doit conserver au minimum pour poursuivre son activité dans de bonnes conditions. Au cas où le capital

4. Les conditions sont encore plus restrictives et, *in fine*, seuls les contrats de rentes viagères britanniques et espagnoles, ou presque, rentrent dans l'épure. Il faut en effet que les contrats n'aient aucune option de rachat ou de transfert anticipé et que les seuls risques soient des risques de longévité et de révision des frais.

éligible d'un acteur décroît en dessous de ce niveau, l'autorité de supervision prudentielle exige un plan de rétablissement sous quelques mois, qui peut passer par des cessions d'actifs, un *de-risking* du portefeuille financier, la souscription de réassurance, la limitation du versement de dividendes, etc. Le SCR est par la force des choses devenu l'étalon de calcul du capital et, dans les Actes délégués de Solvabilité 2, pas moins de 200 pages sont consacrées au détail de son calcul. Nous reviendrons sur celui-ci. Mais pour conclure sur le SCR et le MCR, deux éléments additionnels doivent être mentionnés. La calibration du SCR est fondée sur un modèle de *Value at Risk* (VaR), à horizon 1 an, à un quantile de 99,5 % (donc un choc d'une récurrence de 1/200 ans). Enfin, la directive prévoit que cette marge de solvabilité doit être couverte par des éléments disposant d'une certaine qualité. Ce *Tiering* des éléments constitutifs des fonds propres reprend en partie la typologie de Bâle 3, en prévoyant 3 Tiers de capital de qualité décroissante, depuis les fonds propres durs, appelés Tier 1 jusqu'aux éléments de moindre qualité, appelés Tier 3. L'Encadré 1 propose le détail de ces règles.

Encadré 1 – *Tiering* des éléments de capital sous Solvabilité 2

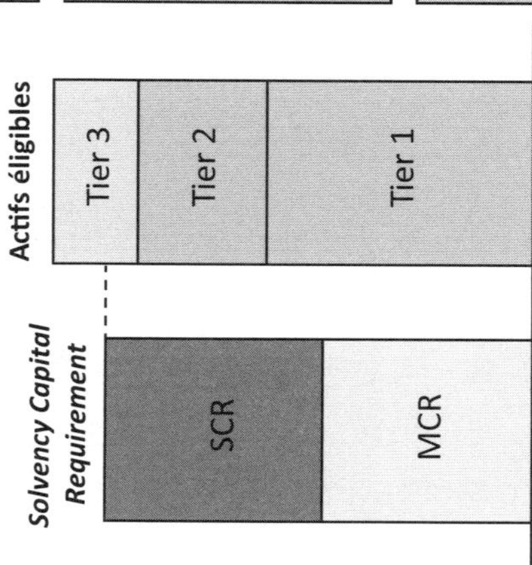

	Définition qualitative	Limites quantitatives
Tier 3	▪ Tout élément de capital non classifié en Tier 1 ou Tier 2. ▪ Les éléments de Tier 3 synthétiques sont des Ancillary Tier 3.	▪ Tier 3 < 15% du SCR. ▪ Ne peut pas couvrir le MCR.
Tier 2	▪ Éléments de capital de haute qualité non classifiés en Tier 1. ▪ Les éléments synthétiques (non versés) peuvent être classifiés en Ancillary Tier 2 (rappels de cotisations pour mutuelles, lettres de crédit et garanties…). ▪ Titres hybrides de haute qualité (subordonnés, limites sur les incitations à rappel anticipé, sur les *step-ups*…).	▪ Ancillary Tier 2 ▪ Pas éligible pour couvrir ▪ Le MCR. ▪ Tier 2 < 50% du SCR.
Tier 1	▪ Excédent d'actifs sur les passifs, incluant : le capital social, bénéfices non distribués, les profits espérés sur primes futures (EPIFP), certaines réserves *ad hoc*, certains titres subordonnés (dits super-subordonnés, disponibles pour absorber des pertes, perpétuels avec au moins 10 ans avant un *call* éventuel, restrictions sur le paiement du dividende/coupon, pas d'incitation au rappel anticipé…).	▪ Tier 1 > 50% du SCR. ▪ Tier 1 > 80% du MCR. ▪ Les instruments « innovants » de Tier 1 (hors capital social et bénéfices non distribués) < 20 % du Tier 1.

…/…

.../...

Les éléments de Tier 1, 2 et 3 sont définis assez précisément, doivent répondre à des exigences spécifiques de qualité, de résilience et de maturité et sont encadrés quantitativement. L'idée de base est que l'assureur dispose du maximum de capital de la meilleure qualité possible, définie par son aptitude à absorber des pertes sans restriction, y compris en cas de liquidation ordonnée de l'entreprise. Quelques points d'intérêt peuvent être notés néanmoins. Les profits futurs des primes futures (*Expected Profit in Future Premiums*) sont considérés comme un élément de capital Tier 1. Ce point a été obtenu après d'intenses actions de *lobbying* auprès des autorités prudentielles mais peut poser problème dans la mesure où cet élément, parfois très significatif pour certains acteurs, est par définition intangible et volatil, notamment pour les passifs d'assurance vie liés aux unités de compte. Les DTA (*Deferred Tax Assets* ou crédits d'impôts différés) sont également reconnus comme un élément de capital Tier 3 par la réglementation. Certaines autorités de supervision ont néanmoins introduit des règles plus strictes, *via* des tests sur la résilience et la recouvrabilité de ces crédits d'impôts par les assureurs. En effet, disposer d'un crédit d'impôt est utile, mais d'autant plus dans la mesure où il pourra effectivement être recouvré au travers de bénéfices futurs. La DNB[5] néerlandaise a beaucoup travaillé sur ce point notamment.

Enfin, une autre catégorie d'éléments de fonds propres a été introduite par Solvabilité 2 et fera l'objet d'une analyse plus détaillée ultérieurement. Il s'agit des fonds propres auxiliaires (*Ancillary Own Funds* – AOF). Cette catégorie est nouvelle et n'a aucun antécédent ou comparable dans un autre référentiel réglementaire d'assurance ou bancaire. Il s'agit d'éléments de fonds propres et d'engagements qui ne sont pas délivrés initialement, mais qui peuvent l'être à la demande de l'assureur, à tout instant, sous une forme et dans des schémas approuvés par les régulateurs. Ces AOF peuvent être de niveau Tier 2 ou Tier 3.

Intéressons-nous à présent au mode de calcul du SCR. Sous Solvabilité 2, le SCR peut être déterminé soit au travers d'une **formule dite standard**, homogène et universelle pour tous les acteurs, soit au travers d'un **modèle interne**, par définition propre à un acteur et validé par les régulateurs après des analyses approfondies. Une situation intermédiaire existe dans la réglementation avec la capacité qu'ont certains assureurs d'utiliser des **paramètres spécifiques** (*Undertaking Specific Parameters* en anglais) en lieu et place de ceux proposés dans la formule standard, pour des lignes de passifs notamment où le profil de risques de l'assureur s'éloignerait des facteurs standards. Cette capacité peut d'ailleurs rapidement se transformer en **obligation** imposée par les autorités de supervision prudentielle lorsque les acteurs, de taille significative, ont un profil de souscription ou de risque différent de celui, implicite et unique, prévu dans les textes.

La formule standard s'appuie sur une taxonomie des risques (étape 1) qui sont agrégés du niveau le plus granulaire, par sous-module (étape 2) jusqu'au niveau

5. De Nederlandsche Bank.

le plus complet du bilan de l'assureur (étape 3). Ces étapes ont été travaillées par les autorités de supervision et testées auprès du marché au fil de cinq Études Quantitatives d'Impact (*Quantitative Impact Studies*) qui ont permis de raffiner la calibration des sous-modules et leur rationalité économique.

Le Graphique 3 illustre cette taxonomie des risques au sein de la formule standard, divisée en modules de haut niveau (risques vie, non-vie, santé, défaut/contrepartie et marché). Ensuite, chaque module est lui-même éclaté en sous-modules. Si l'on prend le module de risque de marché par exemple, il se décompose en risque de taux, de *spread* (crédit), d'actions, de change, d'immobilier, de concentration. Chaque sous-module est déterminé au travers d'une calibration historique, le plus souvent, des stress cohérents avec le quantile de 99,5 % à horizon 1 an. Les détails des chocs de marché sont par exemple proposés en Annexe 1 pour le lecteur épris de précision ou simplement curieux. Ensuite, chaque sous-module de chaque module est associé avec les autres sous-modules du même module au travers d'une **matrice de corrélation** et d'un processus simple de variance/covariance. Le Graphique 3 propose cette matrice pour les modules de haut niveau menant au calcul du *Basic SCR* (BSCR) tel que présenté sur le Graphique 3. L'assureur doit alors ajouter le risque opérationnel à ce BSCR afin d'obtenir le SCR. Le risque opérationnel, repris du cadre bancaire, pousse les assureurs à conserver du capital pour éponger des pertes liées à des défauts de systèmes, à des fraudes ou à des erreurs humaines.

Graphique 2 – **Calcul du SCR dans la formule standard**

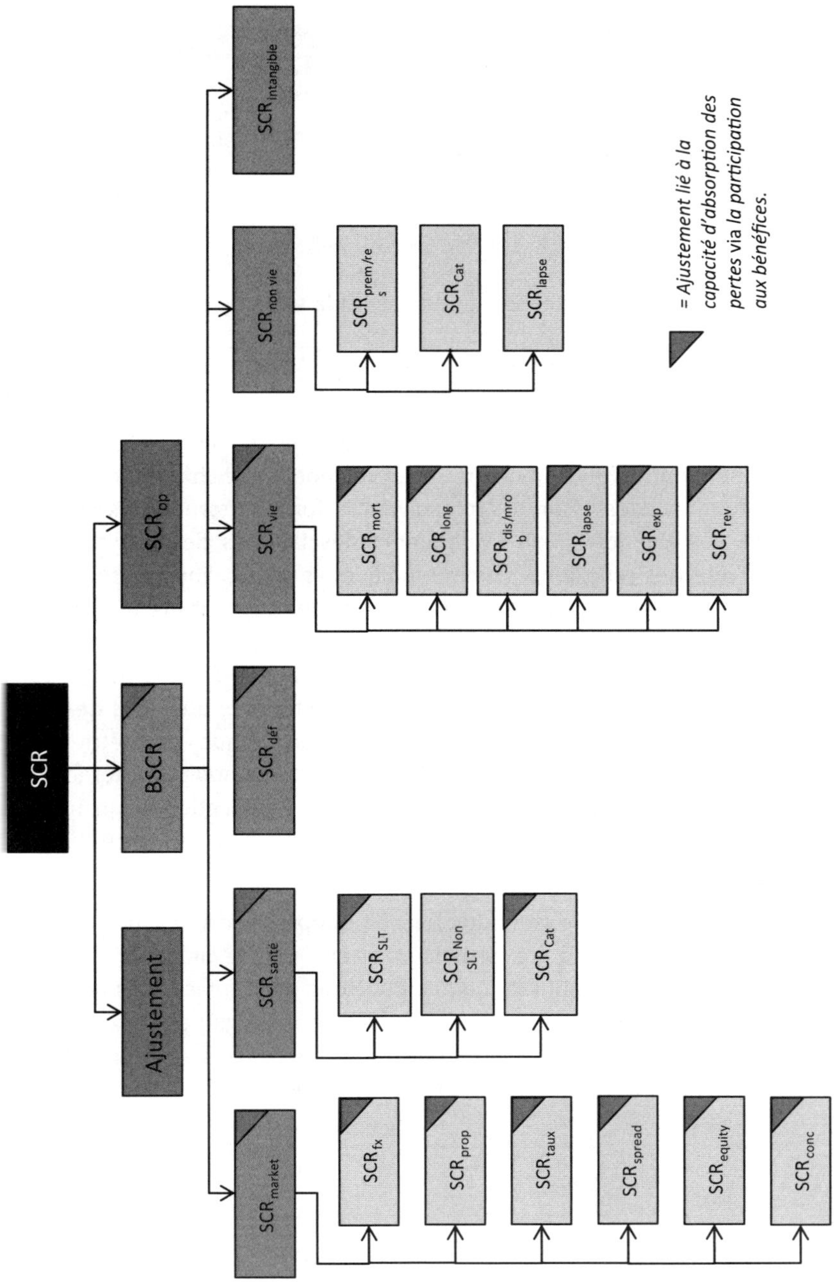

Graphique 3 – **Matrice de corrélation pour le calcul du BSCR**

CorrSCR=	SCR_{mkt}	SCR_{vie}	$SCR_{déf}$	$SCR_{santé}$	SCR_{nv}
SCR_{mkt}	1				
SCR_{vie}	0,25	1			
$SCR_{déf}$	0,25	0,25	1		
$SCR_{santé}$	0,25	0,25	0,25	1	
SCR_{nv}	0,25	0,5	0	0	1

La formule d'agrégation des sous-modules est la suivante :

$$Basic\ SCR = \sqrt{\sum\sum_{i,j} Corr_{i,j} \times SCR_i \times SCR_j}$$

Ces matrices de corrélation ont les défauts de leurs qualités : elles sont simples et ne retiennent qu'un seul chiffre de corrélation entre chaque sous-module, le même pour tous les assureurs qui suivent la formule standard, soit l'immense majorité des acteurs ! Bien évidemment, les facteurs de corrélation ont été l'objet d'intenses réflexions. Comme indiqué, ils sont calibrés autour d'un choc de 99,5 % à horizon 1 an. Mais plus généralement, ils ont été déterminés pour tenir compte des comportements des queues de distribution statistiques (on parle de *tail dependency* en anglais). En effet, on peut légitimement arguer que ces corrélations ne sont pas les mêmes pour différents quantiles de risques et que réduire l'agrégation des risques à des facteurs uniques peut être vu comme une approximation hasardeuse. Le plus souvent, les modèles internes utilisent des copules ou des diffusions de Monte-Carlo, mais cette option n'a pas été retenue pour la formule standard, tant il était estimé, à juste titre, qu'elle était déjà complexe !

Pour chaque module et sous-module, la même approche d'agrégation par méthode de variance/covariance a été formulée. Par exemple, le Graphique 5 propose la matrice de corrélation pour le module de risque de marché. Dans cette matrice, lorsque deux chiffres sont proposés dans une case, il s'agit des deux chocs de taux (scénario de hausse des taux et de baisse des taux). Ces scénarios de taux n'ont pas été pondérés des mêmes facteurs de corrélation.

Graphique 4 – **Matrice de corrélation pour le module de risque de marché**

	Taux d'intérêt	Actions	Immobilier	Crédit	Concentration	FX
Taux d'intérêt	1	0 / 0,5	0 / 0,5	0 / 0,5	0	0,25
Actions	0 / 0,5	1	0,75	0,75	0	0,25
Immobilier	0 / 0,5	0,75	1	0,5	0	0,25
Crédit	0 / 0,5	0,75	0,5	1	0	0,25
Concentration	0	0	0	0	1	0
FX	0,25	0,25	0,25	0,25	0	1

Source : Actes délégués, 2015.

Sans surprise, les commentaires des assureurs font état du conservatisme de ces facteurs, qui, d'après eux, sous-estiment les effets de diversification. Pourtant, des analyses montrent que ces effets de diversification sont de première importance. Suivant les types d'assureurs, l'effet cumulé de la diversification intra-modules (risques de marché, risques vie ou non-vie, risques santé) et inter-modules est d'environ 35 % à 50 % de capital économisé !

Ce premier pilier de Solvabilité 2 a concentré l'essentiel de l'énergie des assureurs (et des autorités de supervision) car il en est l'exigence quantitative. De combien de capital ai-je besoin ? Comment couvrir ce besoin de capital au meilleur coût ? Ces exigences sont fondamentales, mais par définition imparfaites et insuffisantes. Un assureur souscrit des risques pour des durées parfois très longues (> 20 ans pour des lignes d'épargne retraite). Or, le SCR ne capture qu'un horizon d'un an. Les législateurs ont donc, avec raison, complété ces exigences quantitatives du premier pilier par des exigences qualitatives dans le deuxième pilier.

1.2.2 Deuxième pilier : gestion des risques et gouvernance

Un assureur doit au moins couvrir son SCR pour être en mesure de poursuivre son exploitation en toute sérénité. Mais même dans ce cas de figure, somme toute assez courant, ses relations avec les autorités de supervision ne font que commencer ! Ces dernières exigent en effet de lui qu'il puisse justifier que son pilotage soit sûr, sérieux, cohérent avec un profil de risques cible choisi et assumé, et que son exploitation soit pérenne. Elles attendent également, ce qui est bien le moins, que les dirigeants soient « fit and proper », comme disent les Anglo-saxons, à savoir qu'ils sont honorables et compétents, au sens de leur qualité à diriger le destin de leurs salariés et surtout de leurs assurés.

Le deuxième pilier a toutefois été abusivement réduit à sa dimension de gouvernance, de tuyauterie et de pilotage physique. C'était assez compréhensible dans la mesure où il fallait parer au plus pressé, à savoir disposer d'une validation par le régulateur des organes de gouvernance et systèmes d'information. Mais de nombreux assureurs découvrent la richesse du deuxième pilier, si l'on peut dire. Et notamment de sa dimension prospective et stratégique, que l'on peut résumer autour du concept d'ORSA. Nous reviendrons plus en détail sur ce point essentiel.

La notion de *Command & Control* a fait les beaux jours des armées modernes. La même notion peut être étendue – et *doit*, par la réglementation, être étendue – aux sociétés d'assurance. Derrière cet anglicisme, se cache une réalité d'évidence : pour assurer une bonne gestion d'un système complexe, il convient de disposer 1) d'une gouvernance efficace, 2) d'outils de pilotage et d'aide à la décision (*e.g.* profil de risques, tableaux de bord ou autres) et 3) de systèmes d'information performants, qui permettent de consolider les données, les nettoyer, les retraiter, les présenter dans des formats intelligibles... et surtout de s'assurer de la qualité de ces données. Rappelons-nous l'adage « *garbage in, garbage out* »... Le deuxième pilier de Solvabilité 2 s'attache à formaliser ces trois exigences. Les questions de systèmes d'information ou de meilleure organisation de la gouvernance d'une société d'assurance sortent du cadre de cet ouvrage et certains acteurs ont réfléchi en détail aux meilleures pratiques. Un point doit néanmoins être souligné. La gestion d'une société d'assurance exige de manipuler, en temps (quasi) réel, des quantités phénoménales de données. Ce sont par exemple des informations sur les assurés, leurs données biométriques, leur profil d'investisseur, leur portefeuille d'unités de comptes pour la partie vie[6]. Et pour la partie non-vie, le zonage très précis de leurs biens (pour calculer des cumuls d'expositions indispensables à la gestion des programmes de réassurance), des kilomètres parcourus, du style de vie alors que les contrats d'assurance automobile ou santé sont de plus en plus « sur-mesure » grâce à l'apport inestimable de la technologie (balises GPS, applications sur Smartphones, objets connectés...) Nous sommes dans ces domaines en plein dans le « Big Data ».

Mais – et cela peut paraître trivial – pour être utiles, ces données doivent être homogènes, précises, intelligibles, manipulables et standardisables. Illustrons ce point, qui est loin d'être évident. Un exemple de souscription pour commencer : certains assureurs se sont rendu compte avec consternation qu'ils se retrouvaient avec des cumuls d'expositions massifs dans certains quartiers parisiens ou de la banlieue ouest de Paris. Certes, l'immobilier y est précieux et il n'est pas anormal que les biens assurés y soient de valeurs élevées. Mais en creusant plus avant, ils se sont rendu compte que les souscripteurs avaient également enregistré les

---

6. Et ce besoin d'individualisation va encore s'accroître avec les nouveaux contrats gérés en iCPPI *(Individual Constant Proportion Portfolio Insurance*), contrats qui proposent des garanties gérées dynamiquement au niveau individuel.

résidences secondaires à l'adresse des résidences principales... Comment gérer les cumuls d'expositions et proposer des règles efficaces de souscription et de diversification dans ces conditions ? Un autre exemple financier cette fois : un assureur de taille significative dispose de plus de 50 000 lignes dans son portefeuille d'investissements. Ce nombre est déjà considérable et pose des problèmes massifs lorsqu'il s'agit de gérer efficacement l'ALM (*Asset Liability Management* ou gestion actif/passif) de la société. Mais imaginons maintenant que, parmi ces lignes, les *reportings* ne soient pas homogènes. En effet, des gestionnaires d'actifs externes auront des systèmes différents, des normes différentes, des nomenclatures différentes, parfois des fréquences différentes. Et, lorsque la transparence des OPCVM devient la norme, il faut encore multiplier la difficulté par un facteur 10 ou 100 !

La gestion des sociétés d'assurance est bouleversée et les questions informatiques, notamment, sont au cœur de ces évolutions. Mais le nouveau sujet d'attention des sociétés, et des régulateurs, reste l'ORSA. Ce concept est une pièce fondamentale de Solvabilité 2. Comme nous l'avions indiqué précédemment, on ne peut pas réduire l'exploitation d'une société d'assurance au respect de son SCR, pour la bonne et simple raison que les assureurs ne souscrivent que rarement des risques sur un an uniquement. Par construction, la duration de leurs passifs oscille entre 2-3 ans (pour les réassureurs « non-vie ») et 30 ans ou plus pour les spécialistes de l'épargne retraite. Dans ces conditions, le SCR annuel est un indicateur puissant, mais demeure insuffisant pour à la fois piloter intelligemment une société (pour le *senior management*) ou pour la superviser tout aussi intelligemment (pour les régulateurs). Il est en effet nécessaire d'adjoindre à ces réflexions autour du SCR deux éléments tout aussi fondamentaux – et même plus certainement : 1) la définition d'un **profil de risques** qui servira de base aux choix managériaux, depuis la souscription, la réassurance jusqu'à la gestion d'actifs et 2) la formalisation d'une **approche pluriannuelle**, cohérente au moins avec l'horizon stratégique et budgétaire (à défaut de cohérente avec l'horizon de liquidation des passifs, qui n'aurait pas de sens pour certains acteurs). L'ORSA sert à lui tout seul à synthétiser ces deux éléments.

Qu'est-ce que l'ORSA (*Own Risk and Solvency Assessment*) ?

L'*Own Risk and Solvency Assessment* rassemble à la fois les outils, processus et décisions qui permettent à une société d'assurance de piloter son profil de risques, depuis la souscription des polices jusqu'à la liquidation des provisions techniques. Il s'appuie notamment sur un processus séquentiel tel qu'illustré dans le Graphique 5.

Graphique 5 – **Schéma opérationnel de l'ORSA**

Choix du profil de risques

- Reconnaissance des spécificités de l'entreprise (lignes d'activités, clients cibles...).
- Cartographie complète des risques et des méthodes d'agrégation (mise en cohérence des objectifs micro et macro).
- Définition d'indicateurs de mesure du risque, dynamique et le plus proche du temps réel...

Stratégies de gestion des risques

- Définition de l'appétence au risque et des limites de tolérance au risque, déclinées au niveau de granularité *ad hoc* pour être cohérent avec les instances de pilotage.
- Définition des outils de pilotage (*reportings*, tableaux de bord...).

Outils et processus de contrôle et de pilotage

- Définition des stratégies de prise de risques, avec des processus de souscription, d'investissements, de gestion de la réassurance et des protections financières qui soient cohérentes avec le profil de risques choisi et avec les tolérances aux risques validées.

Ce schéma opérationnel permet de systématiser l'approche, de définir des processus, outils et indicateurs utiles à la gestion efficace de la société d'assurance. Il est effectivement lourd, mais il fait plus que compléter le premier pilier de Solvabilité 2. D'une part, il est plus exhaustif. En effet, l'étape de cartographie des risques peut (et doit) faire apparaître des risques qui ne sont pas pris en compte dans la formule standard, comme le risque d'inflation (à peine évoqué dans la gestion des frais) ou de liquidité. Cette cartographie doit également permettre au management de vérifier en quoi le profil de risques réel (et choisi) de la société se rapproche ou s'éloigne, parfois, des données implicites de la formule standard. Dans ce cas, il peut motiver l'adoption de paramètres spécifiques à l'entreprise ou même d'un modèle interne, en lieu et place des calibrations de certains modules de la formule standard, après approbation du régulateur. D'autre part, le processus permet, comme nous l'avons évoqué, de projeter le profil de risques et les données d'exploitation, de bilan, et en résumé le SCR, sur un horizon pluriannuel. La plupart des acteurs ont retenu un horizon budgétaire de 3 à 5 ans.

Comment doit-il s'articuler avec l'exploitation de l'entreprise ?

L'ORSA n'a de sens que s'il sert de socle aux décisions managériales. Il n'est pas juste un *reporting* de plus auprès des autorités de supervision prudentielle. Il est et doit être le cœur de la machine. Certains assureurs ont d'ailleurs poussé loin cette réalité en gérant leur premier pilier sur la base de l'ORSA, c'est-à-dire en calibrant leur capital cible par rapport à des quantiles de couverture des risques sur un horizon de 5 ans. Par construction, cela aboutit à des chiffres plus conservateurs que pour un horizon d'un an, tel que prévu dans le premier pilier. Chiffres plus conservateurs, mais surtout plus cohérents avec la réalisation du plan stratégique de l'entreprise ! Ainsi, l'entreprise définit un appétit au risque, qu'elle traduit par des engagements auprès du marché sur une couverture du SCR liée à la volatilité réelle du bilan et de l'exploitation de la société (ce qui relie également l'ORSA au 3e pilier de Solvabilité 2). Et l'entreprise peut adosser ses décisions tactiques, de *pricing*, d'allocation d'actifs, de couvertures financières et de souscription de réassurance sur ce profil de risques et son évolution. Cela paraît évident écrit ainsi, mais trop d'assureurs conservent une approche d'une grande inertie. Les programmes de réassurance étaient gérés d'une certaine façon avant et ils continuent à être gérés de la même façon parfois, c'est-à-dire sur une base de budget de prime à dépenser. *Idem* pour les contrats dérivés de protection contre certains risques, comme les rachats anticipés de contrats d'assurance vie. Or, le monde a tourné et cette logique de budget a vécu. Pas juste par souci d'embrasser la modernité d'ailleurs, mais bien parce qu'on fait beaucoup mieux de nos jours !

Un exemple valant tous les meilleurs discours, reprenons celui de la couverture contre les rachats anticipés (*lapse* en anglais). Certains assureurs, notamment en France d'ailleurs, sont exposés lourdement en cas de hausse des taux sur leur activité d'épargne. Comme les contrats ne prévoient pas de pénalités (hors pénalités fiscales et de paiement de cotisations sociales) en cas de rachat anticipé d'une police, un assuré peut avoir rationnellement intérêt à procéder ainsi si les taux montent. Il pourra, dans ce cas, réinvestir son argent dans des contrats qui rapporteront plus, dans la mesure où les assureurs « vie » ne pourront pas répercuter immédiatement le nouvel environnement de taux dans la rémunération de leurs contrats (à cause de l'effet d'hystérésis[7] des actifs déjà au bilan). Or, pour honorer ces rachats, l'assureur devra vendre des actifs, qui seront certainement en moins-values latentes, du fait même de la hausse des taux. Afin de se prémunir contre les effets adverses de ces ventes « à perte », les assureurs « vie » français ont pris l'habitude d'acheter des contrats dérivés, de type *swaptions* ou *Cap CMS*[8], *Cap Spread CMS*. Ces stratégies sont performantes, mais elles sont surtout largement optimisables. L'ORSA peut le prouver. En effet, l'assureur doit se poser cette question : dans quels scénarios économiques devrais-je réellement disposer d'une protection ? Quelle serait la situation des autres classes d'actifs dans ce même scénario ? Les actions seraient-elles (vraisemblablement) à la hausse, ou à la baisse ? *Idem* sur le crédit. Quel serait donc l'impact sur mon bilan agrégé ? Et puis-je trouver des solutions de couverture plus adaptées à ces scénarios réels, auprès des réassureurs ou des marchés financiers ? Pour des acteurs disposant notamment de portefeuilles d'actions significatifs, des produits « hybrides » (taux/actions) simples et transparents peuvent être de bonnes alternatives : moins chères et peut-être aussi efficaces dans les scénarios adverses…

1.2.3. Troisième pilier : communication financière

Le troisième (et dernier) pilier de Solvabilité 2 concerne la communication et le *reporting*, vis-à-vis des autorités de supervision bien sûr, mais plus généralement vis-à-vis du marché et des différents *stakeholders*. La complexité d'exploitation d'une société d'assurance est réelle, et comme pour tout système complexe, son analyse par des tiers peut s'avérer ardue. Parmi ces tiers, les régulateurs ont un rôle à part. Tout d'abord, parce qu'ils sont très familiers avec l'industrie de l'assurance et ses spécificités. Mais aussi parce qu'ils doivent s'assurer que les sociétés seront en mesure d'honorer leurs engagements vis-à-vis de leurs clients. Le rôle des régulateurs est donc structurellement différent de celui des

7. Les contrats d'assurance d'épargne ayant une maturité longue, les actifs qui leur sont adossés seront représentatifs des conditions de marché à l'instant de leur acquisition. Si, par exemple, les taux d'intérêt augmentent, certains actifs au bilan pourront verser des coupons beaucoup plus faibles que ceux disponibles à cet instant.
8. *Constant Maturity Swap.*

agences de *rating*, des possesseurs de dettes ou des actionnaires. Ils disposent de prérogatives de puissance publique, exorbitantes du droit commun, avec notamment une capacité d'audit, d'inspection inopinée à tout instant, et une capacité – encadrée bien sûr – à prendre des mesures conservatoires, le cas échéant. Pour éclairer ces décisions, les régulateurs disposent d'un *reporting ad hoc*, sous la forme d'états réglementaires (contrôle dit sur pièces) que les assureurs leur adressent à intervalles réguliers. Certains états sont trimestriels (évolution des placements financiers, des primes émises, etc.), d'autres annuels (rapport de Solvabilité par exemple). Les états servent de base à l'analyse des comptes, mais ils sont, à discrétion, complétés utilement par des contrôles dits sur place. Là, des contrôleurs rencontrent les dirigeants et opérationnels de la société et analysent plus en détail les comptes, *process*, outils. Ces contrôles peuvent être généraux ou thématiques, et s'appuient sur des audits d'échantillons (on prend quelques lignes financières dans les placements ou quelques dossiers de sinistres et on vérifie comment ils ont été provisionnés par exemple).

Mais au-delà des régulateurs, d'autres *stakeholders* ont intérêt à connaître plus en détail les résultats d'exploitation de la société d'assurance. On pense tout d'abord aux assurés, aux créanciers ou aux actionnaires. Or, nul ne le niera, l'assurance est certainement l'une des industries les plus complexes et méconnues. C'est tout à fait paradoxal car chacun, dans les pays développés, possède non pas un, mais *plusieurs* contrats d'assurance. Et, de façon agrégée, l'assurance est simplement la première industrie au monde, en termes de chiffre d'affaires ! Pourtant, les analystes financiers avouent souvent qu'ils connaissent et comprennent moins bien l'assurance que le secteur bancaire. Raison de plus pour que la communication soit au niveau !

Depuis plusieurs années déjà, de nombreux organismes avaient entrepris de formaliser et surtout d'harmoniser la communication financière. On pense aux travaux de l'IASB (*International Accounting Standards Board*, normes comptables IFRS – *International Financial Reporting Standards*) ou aux travaux du CFO[9] Forum qui ont abouti à la rédaction des normes MCEV™[10]. La MCEV™ est une norme de calcul de la valeur intrinsèque d'une assurance vie. Une assurance vie, par construction, souscrit des polices longues et sa profitabilité apparaît avec le temps, le plus souvent au travers de prélèvements sur encours, après règlement de frais d'acquisition initiaux. Les indicateurs classiques utilisés en assurance non-vie, tels le ratio de sinistre ou le ratio combiné sont donc peu transposables à l'assurance vie (hors lignes de prévoyance et assurance mortalité). Mais lorsqu'il s'agit de projeter la profitabilité attendue d'un portefeuille de polices,

9. *Chief Financial Officer* : directeur financier.
10. *Market Consistent Embedded Value*.

l'imagination n'a plus de limites ! Attend-on une surperformance des actifs ? Quel taux d'actualisation utilise-t-on ? Comment projeter la valeur des garanties proposées aux assurés ? Les premières projections et publications d'*Embedded Value* étaient souvent très dépendantes des hypothèses retenues et de biais de modèles. Et elles étaient surtout non comparables car il y avait autant de modèles que de sociétés d'assurance ! La norme MCEV™ fut définie pour harmoniser ces publications en proposant un cadre commun qui autoriserait des comparaisons, toujours utiles, entre acteurs.

Solvabilité 2 tente de répondre aux mêmes enjeux, en proposant une information non biaisée, uniforme et homogène, de qualité (et en quantité) suffisante pour répondre aux interrogations des *stakeholders*. L'enjeu est d'importance car le marché est désormais européen et il convient de comparer aussi précisément que possible AXA avec Generali, et Allianz avec une mutuelle italienne, sans le prisme national qui existait jusqu'alors. Bien sûr, le niveau de complexité des acteurs n'est pas le même, et les sociétés cotées doivent légitimement répondre à des exigences de transparence plus poussées. Mais des règles de communication doivent être établies.

Là encore, l'analyse détaillée des meilleures pratiques de communication financière dépasse le cadre de cet ouvrage, mais il convient néanmoins de s'attarder sur quelques points. Citons-en deux : quelle communication autour du profil de risques, et notamment des cibles de couverture du SCR ? Quelle communication autour de la sensibilité des éléments de capital aux chocs de marché et biométriques ? Ces deux questions ne sont pas choisies au hasard, car elles concernent deux faces de la même pièce, à savoir la gestion de la volatilité du bilan des assureurs. Ce point fondamental a été peu étudié jusqu'à présent mais les premières publications des chiffres de solvabilité sous le nouveau régime l'illustrent parfaitement. L'Encadré 2 propose quelques éléments explicatifs sur cette volatilité de bilan sous Solvabilité 2.

Encadré 2 – **La volatilité accrue du bilan d'un assureur sous Solvabilité 2**

Le régime Solvabilité 2 tranche avec les règles antérieures, qui s'appuyaient essentiellement sur 1) la valorisation des actifs au coût historique et 2) la valorisation non économique des provisions techniques ou *market-consistent*. Par hypothèse, Solvabilité 2 change le paradigme avec des actifs en *mark-to-market* et des provisions techniques valorisées sur la base de taux de marché (actualisation à la courbe des *swaps* avec quelques ajustements, liés notamment à la prime d'illiquidité sur le portefeuille de produits *à taux fixes*). Or, malgré l'apport salutaire de la prime de volatilité à la courbe d'actualisation des passifs, le bilan prudentiel des assurances demeure très sensible à la volatilité de marché. En effet, les chocs sur les actifs seront pris à plein et ne seront qu'imparfaitement « absorbés » par

.../...

.../...

la valorisation des passifs. Ce biais comptable entraîne structurellement une volatilité de la situation nette comptable (« actifs – passifs ») qui s'approche des fonds propres éligibles autorisés en couverture du SCR, à quelque chose près. Ainsi, et ce n'était pas totalement intuitif, les fonds propres disponibles (*Available Own Funds*) apparaissent beaucoup plus volatils que le SCR. Ce biais comptable se retrouve notamment sur certains types de risques qu'il est plus difficile de couvrir ou d'adosser entre l'actif et le passif. Reprenons les principaux risques financiers que connaît une société d'assurance :

- **Risque de taux** : ce risque est le plus simple à couvrir, *via* un adossement de la duration des actifs à celle des passifs (soit au travers d'obligations publiques ou privées, soit au travers de produits dérivés tels des *swaps* ou *swaptions*). Bien sûr cet adossement ne pourra jamais être total car, nous l'avons vu, les passifs d'assurance recèlent des options et garanties, qui, en termes financiers, créent de la convexité. De plus, un autre biais existe pour les passifs très longs, au travers de l'*Ultimate Forward Rate* qui a été introduit précédemment. Ce dernier n'est pas un taux de marché et, si on comprend le rationnel qui a mené à son introduction dans Solvabilité 2, il crée des biais massifs dans la gestion ALM des lignes d'épargne retraite.
- **Risque de crédit** : l'ajustement de volatilité permet, pour simplifier, d'absorber environ 65 %[11] de la volatilité du *spread* de crédit au passif (hors passifs de rentes viagères en paiement éligibles au *matching adjustment*). 35 % de cette volatilité demeurent sur la situation nette comptable. Cette situation est d'autant plus problématique que cette volatilité est purement financière pour des passifs illiquides, car par définition l'assureur n'aura pas, sauf situation de stress extrême, à vendre au pire moment ses obligations pour régler des sinistres ou des arrérages de rentes...
- **Risque actions** : là, c'est encore plus simple car, à l'exception des contrats à unités de compte, la volatilité des actifs se répercute directement sur celle des fonds propres disponibles. Les seules variables d'amortissement sont au niveau de la participation aux bénéfices différés et des crédits d'impôts. Mais ces deux derniers amortisseurs n'existent que pour certaines sociétés, et dans certaines circonstances.
- **Risque de change** : ce risque peut en général être neutralisé si l'assureur engage une congruence parfaite des actifs et des passifs. C'est en pratique souvent le cas, par souci de bonne gestion et parce que la congruence était la règle de base sous Solvabilité 1, et les bonnes pratiques ont perduré ! Quelques assureurs prennent volontairement un risque de change, en pariant sur le taux de rémunération (plus attractif) sur certaines devises telles le dollar américain, le dollar australien ou canadien. D'autres assureurs sont exposés au risque de change *via* le risque dit de « translation ». Il touche notamment les acteurs qui ont des filiales dans des pays qui n'utilisent pas la devise de consolidation du groupe. Pour ceux-là, la volatilité du change peut entraîner des ajustements sur les données consolidées du groupe, et notamment sur le niveau de marge de « solvabilité groupe » et sur les fonds propres excédentaires au niveau du groupe.

11. En fait, la situation est un tout petit peu plus complexe, car ces 65 % sont appliqués non pas au portefeuille réel d'obligations à l'actif de l'assureur, mais à un portefeuille notionnel, établi pour chaque pays.

Quelle communication autour du profil de risques de l'assureur et de la couverture cible de son SCR ?

Couvrir son SCR est un bon début, et c'est même une obligation réglementaire. Mais à combien le couvrir ? Maintenir simplement 100 % du SCR serait bien trop agressif, car, comme nous l'avons vu, ce ratio est volatil. Ainsi, un régulateur un peu conservateur – ou prudent – pourrait être mal à l'aise si un assureur décidait de payer un dividende alors que son ratio de couverture du SCR était jugé trop faible. La DNB néerlandaise a exprimé son sentiment sur ce sujet par exemple et, sans fixer de limites précises, suggérait le chiffre indicatif de 130 % de SCR. Par opposition, disposer de 300 % de couverture du SCR[12] n'est pas toujours nécessaire, et de tels ratios pourraient même illustrer une allocation inefficiente du capital. L'assureur pourrait alors mieux déployer ce capital, soit en souscrivant plus de risques, en augmentant incrémentalement le profil de risques de son portefeuille d'actifs ou... en rendant du capital à ses actionnaires, pour les sociétés cotées. Entre 100 % et 300 %, il existe un juste milieu. Mais produire un chiffre cible au hasard sans le relier à certains éléments factuels et tangibles serait tout aussi absurde. La réflexion des assureurs s'est donc engagée autour du niveau de capital cible et de l'histoire qui devait l'entourer. Cette réflexion est propre à chaque assureur, car elle s'appuie sur deux éléments idiosyncrasiques : le **profil de risques** spécifique de l'assureur et son **appétit au risque**.

Certains assureurs, de par leur *business model*, leur souscription ou la diversification intrinsèque de leur activité, connaissent une volatilité de leur bilan plus modeste que d'autres. Aegon par exemple a annoncé une cible de capital Solvabilité 2 entre 140 % et 170 % (le groupe était à 155 % au premier trimestre 2016) et faisait du niveau de dividende la variable d'ajustement (et sa capacité à payer le dividende la finalité de l'exercice !).

12. Notons que certains acteurs se retrouvent avec de tels ratios parce qu'ils pilotent leur activité *via* une cible de *rating*. Alors, pour disposer (toutes choses égales par ailleurs) d'un *rating* AA ou AAA, ils doivent maintenir de hauts niveaux de capitalisation, supérieurs à ceux exigés par Solvabilité 2. Même si les deux référentiels ne sont pas directement comparables, on estime que 100 % de SCR équivaut à un *rating* BBB sous S&P.

Graphique 6 – **Cible de capital Solvabilité 2 du Groupe Aegon**

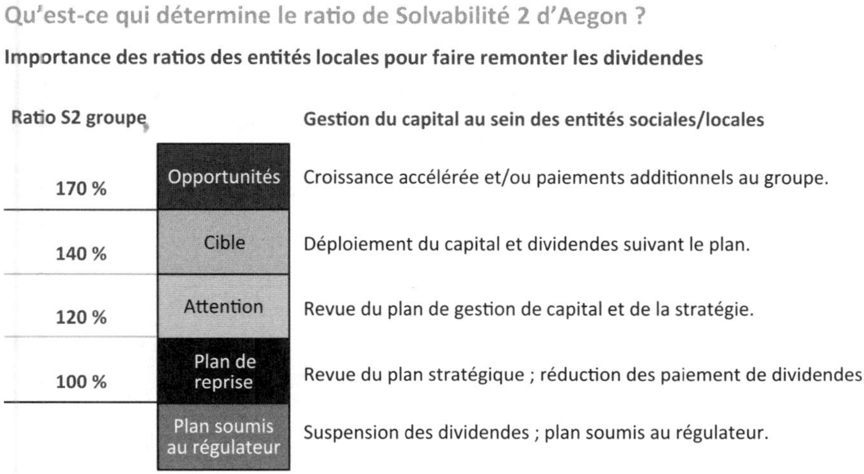

Source : Présentation à l'Assemblée générale du Groupe Aegon, 2016 (traduction de l'auteur).

SCOR, pour sa part, a publié une cible de capital plus élevée, cohérente avec son appétit propre au risque et avec la spécificité de son *business model* de réassureur. Le Graphique 7 ci-dessous, extrait d'une présentation du groupe, précise cette réflexion, et propose aux analystes (et autres *stakeholders*) une règle du jeu au cas où le ratio de SCR s'éloigne trop de la cible. SCOR précise même quelles seraient les instances idoines qui pourraient prendre les décisions qui s'imposeraient, le cas échéant. Sans surprise, le *fine-tuning* autour de la cible est du ressort du comité exécutif alors que toutes les décisions lourdes de capital (émissions de nouvelles actions ou paiement d'un dividende exceptionnel/rachat d'actions) restent du ressort du Conseil d'administration ou de l'Assemblée générale des actionnaires.

D'autres acteurs encore proposent des cibles différentes. AXA par exemple publie une cible assez large de 170 % à 230 % de couverture du SCR dans son nouveau plan stratégique à l'horizon 2020. La largeur de cette cible est intéressante et suggère que le groupe AXA, très sophistiqué, a pris acte de la volatilité intrinsèque des *reportings* sous Solvabilité 2 et ne compte pas amender sa stratégie si cette volatilité demeure sous contrôle. Un choc sur le niveau des taux d'intérêt ou sur la volatilité de ces mêmes taux d'intérêt peut rapidement entraîner des changements de plusieurs points de ratio de SCR. AXA, comme de nombreux acteurs, ne peut pas couvrir totalement ses risques, vu la taille de son bilan. Le groupe est donc disposé à accepter cette volatilité résiduelle et en informe ses *stakeholders*.

Graphique 7 – **Cible de Solvabilité du Groupe SCOR**

SCOR s'appuie sur une échelle de solvabilité dynamique couplée avec un processus clair de décision pour gérer sa solvabilité groupe

Ratio de Solvabilité[1]		Action	Niveau de décision
	Surcapitalisé	Redéploiement du capital	*Board* / AG
300 %	Sous-Optimal +		
220 %	Optimal (← 202 % estimé Q1 2016 ajusté[2])	Modification à la marge de la stratégie de souscription et d'investissements	Comité exécutif
185 %	Confort	Réorientation de la stratégie de souscription et d'investissements	Comité exécutif
150 %	Sous-Optimal	Revue de l'utilisation du capital	*Board* / AG
125 %	Alerte	Restauration du niveau de capital	*Board* / AG
100 %	SCR GROUPE	Sous le minimum réglementaire – plan de sauvetage adressé au superviseur[3]	

1) Ratio de solvabilité, *i.e.* ratio du capital disponible sur SCR.

2) Le ratio de solvabilité ajusté de 202 % intègre le rappel de deux dettes au T3 2016 (la dette perpétuelle à 6,154 % de EUR257mio *appelable* en juillet 2016 et la souche de 5,375 % de CHF 650mio *appelable* en août 2016).

3) Article 138 de la Directive Solvabilité 2.

Source : Présentation aux analystes crédit du Groupe SCOR, 23 mai 2016 (traduction de l'auteur).

Nous pourrions multiplier les exemples de telles communications de ratios cibles. Mais dans l'ensemble, ces publications sont de bon niveau et ont été bien accueillies par les *stakeholders* des sociétés en question. Les publications concernant la **sensibilité** de ces ratios aux chocs sont en revanche plus imparfaites, en général.

Quelle communication autour de la sensibilité du ratio de solvabilité aux chocs de marché ?

Cette question est, sans jeu de mots, beaucoup plus sensible que la précédente, pour deux raisons. La première est informative : tout comme en voyage, connaître sa position sans sa vitesse ou sa direction n'est pas très utile pour piloter le trajet vers sa destination, un assureur qui ne publierait que son ratio de SCR sans renseigner la sensibilité de ce ratio à des chocs standards de marché (ou biométriques) maintiendrait ses *stakeholders* dans une obscurité inquiétante. Mais la deuxième raison a justement trait à cette notion de choc « standard » de marché. Tout simplement parce qu'il n'en existe pas encore ! Certains acteurs proposent des chocs de taux de +/-50 points de base. D'autres ont placé le curseur à +/- 100 points de base. Des assureurs effectuent des chocs de +/-10 % sur les actions, quand d'autres ont choisi 20 % ou même 30 %. Et ainsi de suite pour les chocs de volatilité (taux et actions), de longévité, de mortalité, de frais... Cela pose à l'évidence un problème de comparabilité des données, d'autant plus que le bilan des assureurs est par construction massivement non linéaire. Ainsi, un choc de 30 % n'est pas le triple d'un choc de 10 % ! Sans parler des stratégies de couverture qui peuvent être opportunément attachées au niveau ou proche du niveau des chocs de sensibilité proposés... Qui sait ?

Enfin, la seconde faiblesse de ces chocs de sensibilité tient à leur caractère artificiel. Hélas, dans le monde réel, de tels chocs idiosyncrasiques (*i.e.* spécifiques et théoriques) n'existent tout simplement pas. En réalité, un choc financier se traduit par une chute des actions, un écartement des *spreads* de crédit, et des ajustements (parfois à la baisse, du fait d'un phénomène de *flight to quality* des investisseurs) des taux d'intérêt... le tout en même temps. Et là encore, l'addition de tels chocs n'est pas linéaire, à cause des capacités d'absorption des pertes par la participation aux bénéfices des assurés ou par les crédits d'impôts. Ces variables d'amortissement sont significatives, mais limitées : elles ne peuvent donc pas être utilisées pour absorber autant de chocs simultanés. AXA est un contre-exemple notable car le groupe a décidé de compléter la publication de la sensibilité de ses ratios par des analyses de scénarios.

Graphiques 8 et 8 bis – Publication de la sensibilité de la couverture du SCR du Groupe AXA

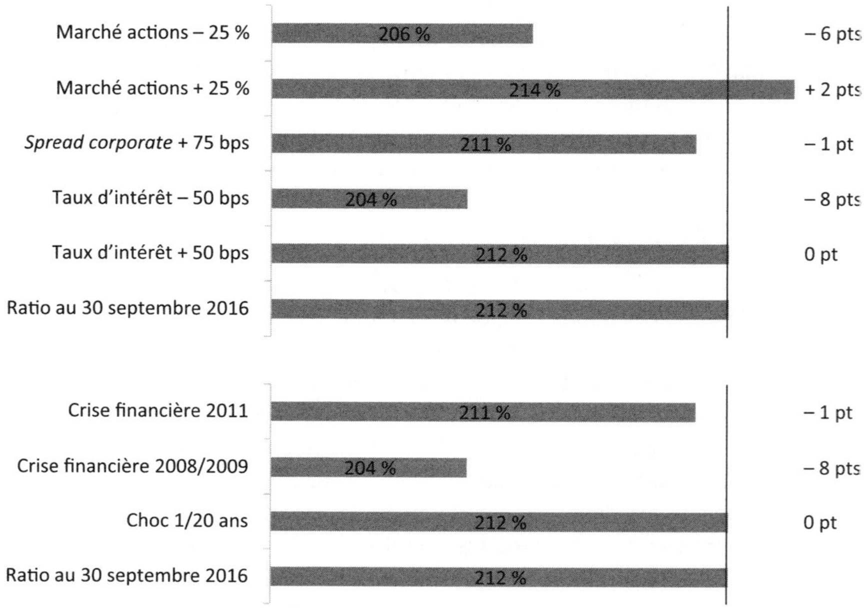

Source : Présentation aux investisseurs d'AXA, 3 décembre 2015 (traduction de l'auteur).

Et les mesures transitoires dans tout ça ?

Comme les règles de base de Solvabilité 2 n'étaient décidément pas assez compliquées, une nouvelle couche a été introduite dans la directive Omnibus 2 en 2014. Cette directive s'attachait à lisser les conséquences de l'entrée en vigueur de Solvabilité 2, en gérant la transition avec les règles précédentes. Cette approche est naturelle et il est logique que, pour des engagements longs, parfois sur plusieurs dizaines d'années, les assureurs puissent passer d'un régime prudentiel à un autre de façon fluide. Après tout, ces derniers ont souscrit des risques dans un cadre différent et les règles qui modifient en profondeur la profitabilité de ces souscriptions passées ne peuvent pas être immédiates et, somme toute, rétroactives. On parle alors de période de *phase-in*. Mais, plus conjoncturellement, l'adoption de ce package de mesures transitoires accompagna également les conditions de marché très particulières qui furent (et demeurent) celles contemporaines de l'entrée en vigueur de Solvabilité 2. Avec les taux d'intérêt aux plus bas historiques depuis la Seconde Guerre mondiale, ne pas appliquer *in extenso* les nouvelles normes au 1er janvier 2016 était, en effet, une question de survie pour certains acteurs...

Les mesures transitoires proposées aux assureurs (qui sont donc libres de les appliquer ou pas), concernent :

- L'éligibilité (après validation des régulateurs) des anciennes **dettes hybrides et subordonnées** au standard Solvabilité 1. On parle alors de *grandfathering*. Cette mesure permet aux assureurs de disposer d'un complément de capital Tier 2, le plus souvent, mais parfois également Tier 1 pour certains titres à durée indéterminée. La mesure s'étend jusqu'à fin 2026, sur une période de 10 ans, donc après l'entrée en application de Solvabilité 2.
- Le **chargement des actions** (en titres vifs ou *via* des OPCVM) souscrites avant le 31 décembre 2015. Sous Solvabilité 2, les actions sont chargées de façon conservatrice, avec un capital au titre du risque de marché de 39 % (+/-10 % liés à un effet de cycle) pour les titres cotés sur les marchés les plus importants (actions dites de type 1). Afin de décourager les ventes sèches d'actions par des sociétés trop légèrement capitalisées, le législateur a proposé que ces actions se voient appliquer un chargement progressif, de 22 % au premier jour, convergeant jusqu'aux montants de 39 % sur une période de 7 ans. Les assureurs nordiques et néerlandais sont parmi les plus enthousiastes vis-à-vis de cette mesure et, en moyenne, publient une amélioration liée de leur ratio de couverture du SCR de 10 points.
- Les **obligations souveraines non souscrites en devise locale**. Dans la formule standard, ces obligations sont pondérées par une charge nulle, lorsqu'elles sont émises par des pays européens, en devise locale. La mesure transitoire étend ce chargement nul aux obligations émises dans d'autres devises (comme le dollar américain par exemple). La mesure dure 5 ans.
- Le **calcul des provisions techniques**. Cette mesure (en fait une double mesure) est certainement la plus importante et concerne notamment les assureurs qui, en Europe continentale, devaient actualiser anciennement leurs passifs à un taux non économique, le plus souvent le taux garanti dans les contrats. Pour éclairer l'importance de cet effet transitoire, pensons à un assureur « vie » allemand, qui garantissait par exemple 4 % sur ses anciens contrats. Jusqu'au 1er janvier 2016, ses provisions mathématiques étaient actualisées à ce taux très avantageux. Mais, en respectant à la lettre les critères de Solvabilité 2, ce taux pouvait tomber à... moins de 1 % en moyenne (taux de *swap* pour simplifier) ! La différence comptable entre les deux techniques de valorisation des passifs peut alors être de plus de 20 points[13] ! Afin d'éviter de demander aux assureurs concernés de se recapitaliser massivement – ce qui serait

13. Et parfois beaucoup plus... Mandatum (groupe Sampo) annonce un impact de 46 points sur son SCR ; Storebrand annonce 40 points de son côté (communication des entreprises, 2015).

impossible à court terme – ou de cesser leurs activités [14], faute de maintenir un capital au moins équivalent à leur SCR, les législateurs ont autorisé les assureurs à passer d'un régime à l'autre sur une période assez longue de 16 ans. Mais tout naturellement, il ne s'agit pas d'un blanc-seing des régulateurs, qui au contraire, appliquent une surveillance accrue aux sociétés concernées, en encadrant notamment le versement de dividendes et en exigeant que la gestion ALM soit la plus efficiente possible (Pays-Bas), ou plus drastiquement en plafonnant ce bénéfice (Norvège).

Ces mesures transitoires sont annoncées au marché et la tendance est d'exiger des assureurs qu'ils publient l'impact de chacune de ces mesures sur leur niveau de SCR, afin d'évaluer en toute connaissance de cause le chemin restant à parcourir pour se conformer totalement aux nouvelles règles de Solvabilité 2. C'est notamment une demande explicite du Fonds monétaire international (FMI), dont la mission couvre de plus en plus la notion – certes floue et évolutive – de stabilité des marchés financiers. Notons enfin que certaines agences de notation (Standard & Poor's par exemple) retraitent les chiffres publiés de ces mesures transitoires, qu'elles ne prennent le plus souvent pas en compte.

Un dernier point néanmoins mérite d'être souligné, relatif à ces mesures transitoires. Le plus gros défaut de Solvabilité 2 demeure sa pro-cyclicité. Comme nous l'avons vu, l'association d'une valorisation des actifs et des taux d'actualisation des passifs au marché, et d'un horizon temporel arbitraire d'un an, entraîne une accélération des cycles. Une baisse de valorisation des actifs aura un impact immédiat sur le capital disponible, qui pourra pousser l'assureur à vendre les actifs les plus coûteux en capital, ou les plus dégradés. La boucle est alors bouclée, et l'effet de dépréciation des actifs devient un phénomène auto-amplifié. L'objet des règles transitoires, et notamment du paquet « branches longues », était de tenter de réduire cette pro-cyclicité. Il convient de reconnaître que cet objectif n'a été que partiellement atteint. Les effets de lissage de la valorisation des produits de taux, *via* la marge d'ajustement ou la marge de volatilité, visent clairement à atténuer les impacts négatifs des écartements de *spreads* de crédit. De même, les règles transitoires de valorisation des provisions techniques permettent de repousser l'échéance. Mais il reste encore du travail et il convient de noter que la réduction de cette pro-cyclicité fait clairement partie des enjeux que l'industrie et l'EIOPA se sont fixés lors de la négociation visant à modifier la formule standard, à l'horizon 2018 puis 2021.

14. Le BaFin allemand a indiqué que, sans cette mesure, près de 50 % des assureurs « vie » ne couvriraient pas leur SCR à 100 % (enquête menée par le BaFin en juillet 2015).

1.3. Quel panorama pour l'assurance européenne au 1er janvier 2016 ?

L'entrée en vigueur de Solvabilité 2 fut tout sauf improvisée. Comme nous l'avons rappelé, pas moins de cinq Études Quantitatives d'Impact furent menées au niveau européen, et la plupart des régulateurs nationaux complétèrent le tableau par des études ciblées. Ces études furent rassurantes pour le marché dans son ensemble, mais mirent en lumière plusieurs problématiques et menèrent, pour beaucoup, à l'adoption des mesures transitoires présentées ci-dessus.

L'avant-dernière étude pan-européenne (*EIOPA Stress Test 2014* : EIOPA-BOS-14-203) a été publiée le 28 novembre 2014 et la dernière, à ce jour, le 15 décembre 2016 (*EIOPA Stress Test 2016* : EIOPA-BOS-16-302). Les résultats de ces deux études furent particulièrement instructifs, à la fois pour prendre acte du niveau de capitalisation du marché – à date –, mais aussi pour mesurer l'impact quantitatif de certains scénarios.

L'analyse de 2014 proposait une photographie du marché avant l'entrée en vigueur de Solvabilité 2 et avant le cycle de taux bas. Le Graphique 10 reprend les conclusions de l'EIOPA. À cette date, seuls 14 % des assureurs européens affichaient des difficultés pour couvrir leur SCR et plus de la moitié des sociétés couvraient leur SCR à plus de 150 %. Sans surprise, l'analyse plus détaillée montre que les difficultés étaient concentrées dans quelques pays (Portugal, Grèce, Pays-Bas, Finlande) ou parmi des assureurs de petite taille en Allemagne. Ce résultat peut apparaître solide, et les mesures transitoires ont certainement permis d'améliorer encore ces ratios. Mais l'étude coordonnée par l'EIOPA et conduite par les régulateurs nationaux proposait alors plusieurs *stress-tests*. Et là, les résultats peuvent sembler plus préoccupants. Trois scénarios principaux étaient étudiés :

- Un choc très sévère sur les marchés financiers, partant du marché des actions (-41 %) et contaminant les autres marchés tels les émergents, le *High-Yield* (obligations à haut rendement), l'immobilier commercial et résidentiel...
- Un choc moins sévère, mais relativement sérieux tout de même, partant du marché du crédit et contaminant également d'autres classes d'actifs.
- Une longue période de taux d'intérêt bas, suivie ou non par une brusque remontée des taux.

Les résultats des deux premiers *stress-tests* de 2014 font apparaître, sans surprise, une chute significative du niveau de capitalisation des assureurs avec, dans le cas du choc le plus grave, 44 % des assureurs de l'échantillon qui ne couvriraient plus leur SCR ! Le résultat du scénario de taux bas est similaire. Là encore, on note une dégradation attendue des ratios, d'ampleur moindre, néanmoins, que celle des chocs de marché. Entre 20 % et 24 % des assureurs se trouveraient en difficulté contre 14 % dans la situation de base. Ce résultat doit toutefois être immédiatement nuancé, car le choc de taux considéré était malheureusement beaucoup plus modeste que celui que les assureurs ont effectivement eu à connaître depuis cette date ! La réalité a rattrapé la fiction...

Graphique 9 – **Distribution statistique des ratios de SCR pré-stress (non pondérés)**

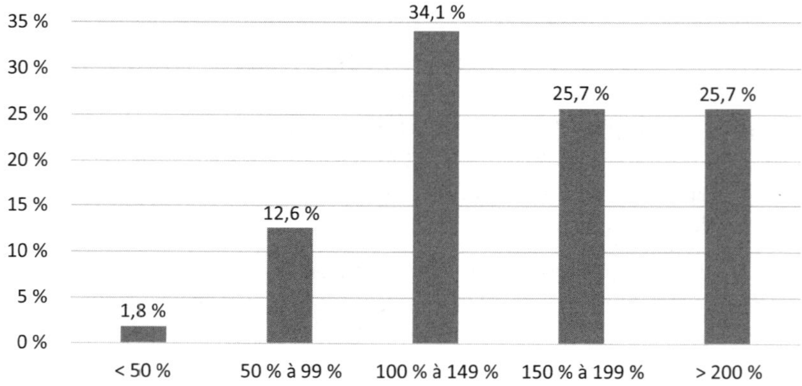

Source : EIOPA.

Et c'est bien ce dernier point qui pose problème. Avec un *Bund* atteignant -25 points de base au mois de juillet 2016, des obligations publiques suisses proposant des taux actuariels négatifs jusqu'à 50 ans, la situation des assureurs « vie » et « retraite » est très préoccupante. Bien sûr, le problème ne vient pas tant du niveau des taux immédiats, mais bien de ce que ces niveaux bas durent dans le temps. D'autant plus que dans de nombreux pays, les garanties moyennes des engagements sont au-dessus de 3 % (Allemagne, Pays-Bas) et que, par choix ou par mauvaise anticipation, certains acteurs conservaient (et parfois conservent toujours) un gros écart de duration entre les actifs et les passifs, accélérant encore le risque de réinvestissement. Par bien des aspects, la période prolongée de taux bas, que l'on appelle parfois « scénario à la japonaise », ressemble au supplice chinois de la goutte d'eau. C'est long, cela peut paraître inoffensif, mais cela finit par être douloureux et insupportable. Les régulateurs sont particulièrement préoccupés par cette situation et certains ont pris des mesures drastiques : mise en place d'une réserve prudentielle de lissage en Allemagne (ZZR [15]), contrainte

15. *Zinsuzatzreserve* : réserve prudentielle que doivent alimenter les assureurs « vie » allemands pour compenser l'écart entre les taux de marché et les taux garantis au bilan. Cette réserve,

sur le versement de dividendes pour obliger les assureurs à maintenir un coussin de capitalisation au-delà du SCR, validation de mesures transitoires sur le calcul des provisions techniques, encouragement à la consolidation du marché pour tenter d'adosser des acteurs de petite taille à d'autres, plus solides et disposant de rendements d'échelle. Aucune de ces mesures ne suffira à enrayer le supplice chinois. Mais elles serviront à en retarder les effets, en espérant que les taux d'intérêt remonteront vers des niveaux plus cohérents avec la théorie économique... et la raison.

Et c'est exactement cette conclusion principale que nous pouvons tirer à nouveau du rapport de l'EIOPA publié le 15 décembre 2016, synthétisant les résultats du *stress-test* conduit en 2016. Deux scénarios étaient alors testés : un scénario central de taux bas pour longtemps (« low for long »), et un scénario dit de « double impact », qui ajoute aux taux bas des conditions de stress sur les actifs financiers et un élargissement des primes de risques sur ces actifs. À titre illustratif, dans ce second scénario, les assureurs devaient mesurer l'effet d'une chute de 33,4 % des actions européennes, en moyenne, ou encore un élargissement des *spreads* de crédit de 214 points de base sur les obligations non financières de notation BBB. Les résultats de cette étude d'impact sont intéressants. Comme en 2014, le constat liminaire est plutôt rassurant, avec une capitalisation du marché relativement élevée, avant stress : l'indicateur suivi cette fois par l'EIOPA était le rapport de la valeur des actifs divisée par la valeur des passifs. Le choix de cet indicateur peut être discuté (et d'autant qu'il ne facilite pas les comparaisons entre les deux études de 2014 et 2016), mais il permet effectivement de voir si un assureur dispose de suffisamment d'actifs pour payer ses engagements réglementés. Or, en moyenne, pré-stress, ce ratio était, pour le marché européen, de 109,5 % en 2016. Suite aux deux chocs, ce ratio diminue, de 2,22 % dans le cas des taux bas, et de 2,19 % dans celui du « double impact ». Soit, dans les deux cas, la perte d'environ un quart de l'excédent d'actifs sur passifs. Rassurant ? Oui, certainement, mais lorsqu'on lit en détail le rapport de l'EIOPA, on note deux nuances qu'il convient de reprendre. D'une part, et sans surprise, ces résultats sont très hétérogènes, et certains acteurs, ou certains pays, connaissent des situations plus tendues, notamment ceux qui ont encore des taux garantis élevés ou des *duration gaps* importants. Cette conclusion est identique avec celle de 2014. D'autre part, et c'est peut-être plus préoccupant encore, le rapport souligne le considérable apport des règles transitoires et du package « branches longues » (notamment la marge de volatilité et la prime d'ajustement). Ces mesures permettent, suivant les acteurs et les pays,

lancée en 2011, a déjà dépassé les 30 milliards d'euros et Moody's estime qu'elle pourrait dépasser les 90 milliards d'euros d'ici 2020.

de modifier de plusieurs dizaines de points le ratio d'actifs sur passifs. Nous ne sommes plus dans l'épaisseur du trait.

Un dernier point mérite encore d'être souligné : le *stress-test* de l'EIOPA, conduit en 2016, s'appuyait par construction sur les données des sociétés d'assurance de 2015... Or, la situation économique et financière a encore évolué depuis cette date...

Graphique 10 – **Distribution des ratios d'actifs sur passifs pré et post-stress dans le *stress-test* de l'EIOPA de 2016 (scénario de « double impact »)**

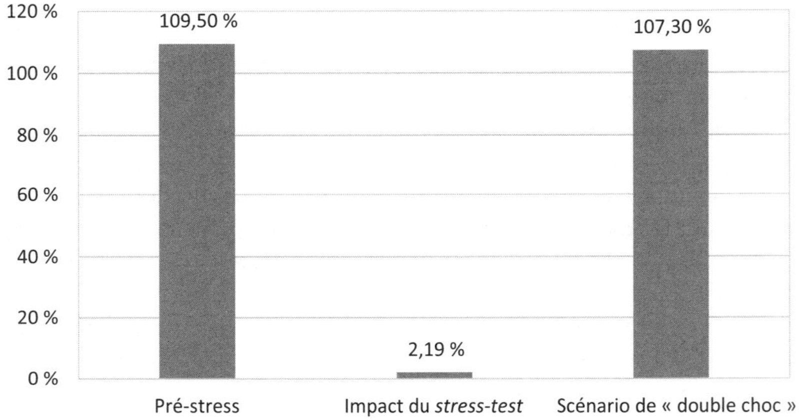

Source : EIOPA (EIOPA-BOS-16-302 – *insurance stress-test* 2016).

Graphique 10 bis – **Distribution des ratios d'actifs sur passifs pré et post-stress dans le *stress-test* de l'EIOPA de 2016 (scénario de taux bas)**

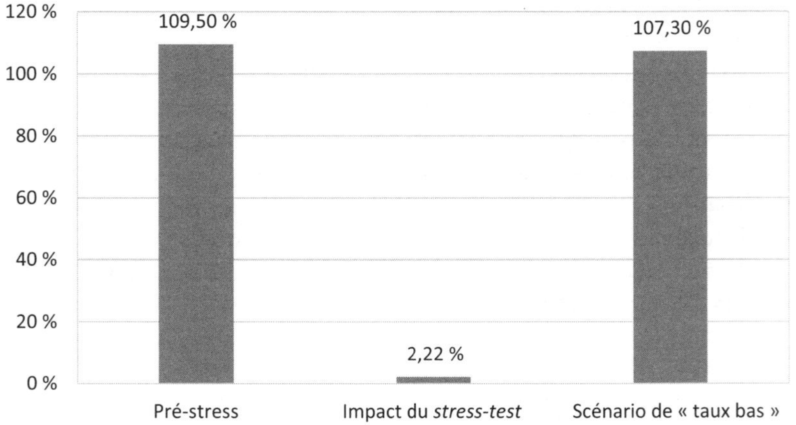

Source : EIOPA (EIOPA-BOS-16-302 – *Insurance stress-test* 2016).

Les premiers chiffres complets des bilans des assureurs sous le nouveau régime Solvabilité 2 seront connus à la mi-2017, mais nous pouvons reprendre et extrapoler les communications financières au 31 décembre 2015, confirmées par la dernière étude de l'EIOPA, pour compléter le panorama. La plupart des acteurs de premier plan avaient en effet anticipé les nouvelles normes et proposé des chiffres *pro-forma*. Dans l'ensemble, ces chiffres sont là encore rassurants, mais très hétérogènes. L'hétérogénéité provient pour une part, certainement, des différences de *business model* et de profil de risques entre les acteurs – quoi de commun en effet entre Swiss Re, acteur leader de la réassurance mondiale, et Phoenix, acteur de consolidation du marché de l'assurance vie au Royaume-Uni (essentiellement) ? Pour Phoenix, cela n'aurait aucun sens de maintenir des niveaux de capitalisation aussi élevés et, inversement, Swiss Re verrait son *rating* fondre comme neige au soleil et ses clients prendre leurs jambes à leur cou s'il lui venait à l'idée de diviser par 2 son capital ! Mais l'hétérogénéité des situations s'explique aussi par des choix stratégiques différents (et par la consolidation passée de ces choix). AXA et Allianz par exemple ont décidé de disposer d'un niveau de capital plus élevé qu'Aviva, en cohérence avec leur appétit au risque, leur *rating* cible, leur communication financière et leur activité bien sûr. Cette stratégie est à double tranchant, car plus les assureurs disposent de capital, plus leur ROA (*Return on Asset)* doit être élevé pour disposer d'un *Return on Equity* compétitif. Et le ROE demeure l'un des indicateurs clés que suivent les actionnaires ! Mais il y a bien sûr un revers à la médaille, car plus un assureur est capitalisé, meilleures sont ses chances de sécuriser ses clients/assurés et de rassurer les agences de *rating* et les investisseurs de dette (*bondholders*). Pour certaines lignes d'activité, le *rating* est un élément commercial fort : pour la réassurance bien sûr, mais aussi pour les grands risques commerciaux.

Graphique 11 – Communication des chiffres de couverture du SCR des principaux assureurs européens (31/12/2015)

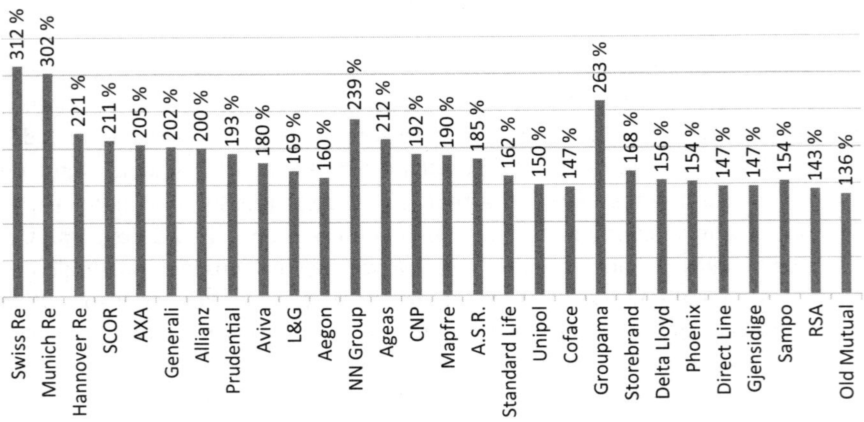

Source : Analyses BNP Paribas des rapports annuels et publications des sociétés.
Les chiffres sont parfois des données *pro-forma* Solvabilité 2, parfois des données de capital économique.

Certaines sociétés dans l'échantillon utilisent un modèle interne complet, validé par le régulateur (*e.g.* Swiss Re, AXA, Allianz, L&G), d'autres un modèle interne partiel (*e.g.* Aegon, Ageas, Standard Life) ; d'autres, enfin, la formule standard de Solvabilité 2 (*e.g.* CNP, Mapfre, Coface, Delta Lloyd). Leur couverture du SCR est également différente, avec certains acteurs couvrant essentiellement leur besoin de marge de solvabilité en « dur », c'est-à-dire en fonds propres Tier 1. D'autres ont – historiquement – un recours plus élevé au levier financier, c'est-à-dire aux dettes hybrides de type Tier 2, ou, grâce aux mesures transitoires, de type Tier 1 *restricted* (des dettes perpétuelles qui ont bénéficié du *grandfathering* mais qui seraient des Tier 2 dans la nouvelle terminologie). Le Graphique 12 propose la décomposition des fonds propres disponibles par *Tier*. Il convient de noter que la plupart des acteurs sont relativement conservateurs en termes de levier financier, en ne saturant pas les capacités offertes par Solvabilité 2 (*e.g.* SCR couvert au maximum par 50 % de Tier 2). Cela tient essentiellement aux contraintes additionnelles imposées par les agences de *rating*. Par exemple, S&P ne prend en compte les dettes subordonnées (sous des contraintes de maturité et de qualité plus conservatrices que Solvabilité 2) que jusqu'à concurrence de 25 % du *Total Adjusted Capital*, c'est-à-dire du besoin quantitatif de capital de leur modèle.

Graphique 12 – ***Tiering* des Fonds Propres Disponibles (*Available Own Funds*) au 31/12/2015**

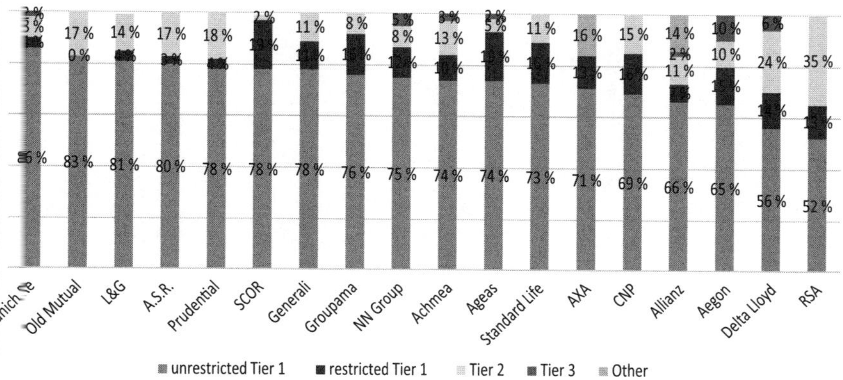

Source : Analyses BNP Paribas sur la base des publications institutionnelles des sociétés.

Les assureurs ont réagi au nouveau paradigme introduit par Solvabilité 2, en modifiant, parfois en profondeur, leur *business model* et leur exploitation. La gestion des risques s'est professionnalisée, avec l'émergence de vrais CRO (*Chief Risk Officer*) dotés de pouvoirs importants. Les outils de mesure du risque, d'allocation actif-passif ou de génération de scénarios économiques, et donc de prospective, se sont également développés. Mais plus pragmatiquement, les assureurs ont agi sur les deux leviers principaux à leur disposition : leur offre produits et leur gestion d'actifs. Et ils ont surtout changé de logiciel en termes de gestion du capital. Ce sont les points que nous allons étudier dans les deuxième et troisième chapitres.

CHAPITRE 2

Quelles implications stratégiques pour la gestion et l'exploitation des sociétés d'assurance ?

En théorie, l'exploitation d'une société d'assurance est assez simple. Des clients paient des primes, qui sont thésaurisées et investies par la société dans des actifs financiers *ad hoc*, et qui servent à payer des sinistres. Ces sinistres peuvent être des dommages aux biens ou corporels, ou ils peuvent être financiers, comme des rentes viagères. L'assureur joue alors sur la mutualisation des risques, en souscrivant auprès d'un grand nombre de clients (particuliers ou groupes) qui, en principe, n'auront pas tous des sinistres au même moment. Pour tenir compte de ces aléas, en fréquence et en sévérité, les assureurs sont contraints de conserver des excédents de capitaux qui servent à faire face à des scénarios de stress. La nouveauté de Solvabilité 2 est désormais que le capital réglementaire rejoint le capital économique. Il devient un **étalon unique**, **fongible**, qui doit servir indistinctement à couvrir des risques d'actif, de passif (risques techniques) ou opérationnels. Et, comme dans toute entreprise commerciale (hors mutuelles), ces capitaux sont apportés par des actionnaires (ou clients mutualistes) qui en espèrent, en général, une rémunération attractive, cohérente avec le profil de risques qu'ils ont pris.

Mais si le concept général est simple, la réalité l'est beaucoup moins, pour plusieurs raisons. Tout d'abord, parce que les assureurs évoluent dans un **environnement concurrentiel** et, pour accroître – ou protéger – leurs parts de marché, couvrir leurs coûts fixes et se développer, ils doivent proposer des conditions avantageuses à leurs clients, ou des innovations produits qui leur permettent de se différencier. Cela pèse sur leur pouvoir de *pricing*, et donc sur la rentabilité des capitaux engagés. Ensuite, parce que, comme nous l'avons déjà évoqué, les assureurs – ou certains d'entre eux – proposent des garanties sur des périodes particulièrement longues, soulevant deux problèmes majeurs : la question de l'actualisation des provisions (et donc de la sensibilité aux taux d'intérêt) et la question de l'adossement actif/passif de ces provisions. Les marchés financiers ont beau être performants, profonds, diversifiés et innovants, la réalité sans fard est que les passifs d'assurance sont, souvent, « exotiques ». Il n'existe pas de produits financiers reproduisant parfaitement les garanties proposées aux assurés (notamment sur les lignes vie ou sur les lignes de responsabilité civile longue[15]). Les assureurs doivent donc décomposer ces garanties et tenter de les reproduire le plus fidèlement possible avec des produits financiers plus simples et plus liquides. Ce sont des **contraintes** purement **financières**, et elles sont magnifiées dans les **environnements de taux d'intérêt très bas** que nous connaissons depuis quelques années.

2.1. Un changement de paradigme… au plus mauvais moment

C'est une réalité empirique, les règles du jeu changent le plus souvent au plus mauvais moment. Ou tout du moins, c'est ce que l'on dit. L'introduction de Solvabilité 2 n'échappe pas à cette règle. En 2016, les assureurs ont dû absorber le changement de référentiel prudentiel. Mais au même moment, entre les taux d'intérêt à des niveaux alarmants, les ruptures technologiques disruptives (« big data », compétition de la part de nouveaux entrants tels Google, Orange ou Apple dans les services financiers), le renouvellement complet des offres produits pour s'adapter aux nouvelles attentes des assurés, les assureurs se retrouvent à la croisée des chemins. Ils doivent tout à la fois se protéger de Google, investir dans de nouveaux systèmes d'information et dans des dispositifs commerciaux multi-canal, renouveler leur offre marketing pour l'adapter aux nouveaux besoins des clients et au nouvel environnement de marché et réglementaire… tout en changeant en profondeur la gestion de leur capital et donc leur gestion à proprement parler ! Inutile de préciser que les journées des dirigeants de sociétés d'assurance sont bien remplies, et que leur quotidien est de gérer l'incertitude, ils sont servis au-delà de leurs espérances.

2.1.1. Environnement post-crise

En 2008 a éclaté la pire crise financière depuis l'après-guerre, entraînant une récession des plus grandes économies, un assèchement du crédit et des investissements et… un transfert massif de créances privées vers les États, déjà lourdement endettés par des politiques sociales généreuses et parfois

16. Notamment sur les indexations à l'inflation de certains passifs. L'inflation prise en compte n'est pas le CPI (*Consumer Price Index*) ou RPI (*Retail Price Index*), disponibles dans les marchés financiers, mais celle des coûts médicaux par exemple, ou des frais de garde à domicile.

non financées. Faut-il rappeler la suite ? Les tensions au sein des pays du sud de l'Europe, la contagion à la zone euro, depuis la Grèce, le ralentissement des pays émergents, l'atterrissage de la Chine (certes pas entièrement lié aux points précédents), la chute des marchés des matières premières, et notamment du pétrole (qui cotait près de 110 dollars le baril à l'été 2015, pour tomber à moins de 30 dollars le baril en février 2016 et remonter autour de 50 dollars le baril au début de l'année 2017). La crise a laissé des traces, notamment à cause des politiques monétaires ultra-accommodantes que les banques centrales ont dû mener pour absorber le choc récessif. Les bilans de la Fed (*Federal Reserve System*), de la BCE (Banque centrale européenne), de la Bank of England ou de la Banque du Japon ont considérablement grossi, alors que ces dernières déclenchaient en cascade la panoplie complète des mesures conventionnelles (baisse des taux directeurs) ou non conventionnelles (rachat de titres sur les marchés financiers[17]) pour soutenir l'activité et relancer l'inflation. L'exemple japonais des années 1990 et 2000 reste dans toutes les têtes, avec des décennies perdues pour cause de déflation, spirale terrifiante dont il est particulièrement difficile de se sortir.

Pour les assureurs, qui sont les premiers investisseurs institutionnels au monde, cette situation de tension sur les marchés financiers est très perturbante. Taux bas, volatilité importante sur les marchés, absence de perspectives macroéconomiques claires, assèchement de la liquidité sur certaines classes d'actifs (notamment sur le crédit), inflation historiquement basse, mais susceptible de remonter sans crier gare... Le panorama est sombre, et de nombreux voyants sont au rouge sur les tableaux de bord des directions des investissements.

2.1.2. Impact sur les assureurs « vie » ?

Parmi les assureurs, les acteurs « vie », et notamment épargne, sont les plus touchés. Contrairement aux acteurs « non-vie », la duration de leurs passifs est parfois très longue, supérieure à 20 ans pour les engagements de retraite. Jusqu'à une date récente, ces acteurs disposaient pourtant d'un *business model* avantageux. Ils souscrivaient des engagements en fournissant des garanties attractives, mais très inférieures au rendement moyen des actifs peu risqués (obligations souveraines). Ils versaient donc le niveau de taux garanti, ainsi – le plus souvent – qu'une participation plus ou moins discrétionnaire aux bénéfices (*i.e.* à l'excédent du taux de rendement moyen des actifs par rapport à la garantie). Ainsi, lorsque les taux étaient à 5 % et les garanties à 3 %, cela assurait un *portage*

17. Quelques chiffres valant mieux que de longs discours : à l'été 2016, après le Brexit, les programmes de rachats de titres par les banques centrales (Angleterre, Fed, Japon, BCE essentiellement) s'élèvent à 200 milliards de dollars... par mois... Soit le PIB du Portugal...

hors participation aux bénéfices et hors frais, de 2 % par an. Au même moment, le capital réglementaire minimal sur les lignes d'épargne en Europe était de 4 % des provisions mathématiques. C'était donc un bon *business*...

Mais depuis lors, trois choses ont changé : 1) les taux ont massivement baissé, 2) les besoins et exigences de capital ont massivement augmenté et 3) corollaire des deux points précédents, les options et garanties incluses dans les polices vendues dans le passé se sont retrouvées « dans la monnaie ».

Le Graphique 13 illustre le premier point. Entre 2005 et 2016, les taux moyens ont baissé de 3 à 4 points. Dans l'absolu, une telle baisse est problématique, mais aurait pu entraîner des conséquences bien moindres si les assureurs avaient géré leur ALM au plus juste, avec un adossement de la duration des actifs et des passifs. Or, cet adossement était au contraire très imparfait. Par nécessité souvent, car la liquidité des marchés obligataires (ou de *swaps*) au-delà de 20 ans est plus modeste que pour des maturités plus basses et parce que les assureurs ont préféré investir dans des actifs liquides. Par choix encore, des assureurs choisissaient de conserver un *duration gap* important pour disposer de plus de flexibilité dans le réinvestissement de leurs actifs, notamment en cas de hausse de l'inflation qui aurait entraîné une hausse des taux. Et, enfin, du fait du comportement des assurés. Ces derniers ont vite compris qu'il était intéressant de conserver leurs anciennes polices qui proposaient des taux garantis élevés, ce qui a fait chuter le taux d'attrition naturel des polices (*lapse*), aggravant l'impasse ALM et la situation nette comptable des assureurs.

Graphique 13 – **Niveau des taux d'intérêt longs (décembre 2005 à avril 2016)**

Source : *Datastream in Sigma n° 3/2016*, Swiss Re.

Au niveau de taux actuels, et même en tenant compte de l'hystérésis des taux de rendement des actifs au bilan des assureurs, de nombreuses garanties « offertes » aux assurés sont aujourd'hui « dans la monnaie ». Le Tableau 2, extrait d'un rapport de l'OCDE, l'illustre parfaitement (et encore, il convient de noter que les chiffres datent de 2015 – la situation des taux s'est massivement aggravée depuis le 1er janvier 2016). Dans ce cas, les assureurs ont le choix entre 1) compenser ces pertes avec du capital, année après année (stratégie peu appréciée des actionnaires en règle générale) ; 2) tenter d'augmenter le taux de rendement des actifs en prenant plus de risques ou 3) tenter de pousser les assurés à sortir de ces contrats garantis pour investir dans des contrats en unités de compte.

On n'évoquera pas le cas (1). La stratégie (2) est parfaitement jouable, et elle fut – et reste – la principale route suivie par les assureurs. Elle fera l'objet d'une analyse plus détaillée au chapitre suivant. Mais il convient toutefois de noter que les nouvelles normes prudentielles de Solvabilité 2 rendent plus coûteuses ces stratégies d'investissements plus dynamiques. La stratégie (3) d'évolution du *mix*-produit est également un axe stratégique majeur des sociétés d'assurance. Mais ses succès, indéniables pour les nouvelles souscriptions, restent modestes en ce qui concerne les campagnes d'incitations aux arbitrages des vieux contrats coûteux en capital… Les nouvelles offres produits seront étudiées plus en détail, au Chapitre 3 notamment.

Tableau 2 – **Cartographie des principaux marchés d'assurance vie européens**

Pays	*Duration gap*	Niveau moyen des garanties (en %)	Part des engagements garantis dans les provisions mathématiques	*Investment spread* (en %)
Allemagne	> 10 ans	3,1	75	– 0,4
Suède	> 10 ans	3,3	70	– 0,5
Autriche	> 10 ans	3,0	58	0,9
Pays-Bas	5,5 ans	3,6	40	0,2
France	4,75 ans	0,5	Non disponible	0,6
Danemark	4,75 ans	2,6	74	0,1
Espagne	< 1 an	3,8	Non disponible	1,1
Italie	< 1an	2,5	Non disponible	0,6
Irlande	~ 0	1,5	Non disponible	13
Royaume-Uni	~ 0	0,5	19	– 0,1

Note : *investment spread* = différence entre le taux de rendement interne des actifs et des passifs ; *duration gap* = différence (en années) entre la duration des passifs garantis et des actifs adossés.

Source : *EIOPA, Moody's Investors Service, S&P Ratings Service* (*May* 2014) et calculs de la Bank of England (*Bank of England, Financial Stability Report, juillet 2015), in 2015 Global Insurance Market Report,* OCDE.

Mais reconnaissons tout de suite qu'il n'existe pas encore de martingale, ni en termes de nouveaux produits irrépressibles pour les clients, ou de nouvelles classes d'actifs imbattables pour les assureurs. Les marchés financiers demeurent incertains et volatils, comme le Graphique 14 l'illustre parfaitement.

2.1.3. Impact sur les assureurs « non-vie » ?

Les assureurs « non-vie » sont également confrontés à un environnement compliqué. Leur *business model* est différent de celui de leurs homologues « vie », dans la mesure où ces acteurs disposent, en général, de deux moteurs principaux de performance distincts : le **rendement sur les actifs** bien sûr, mais surtout le **résultat de souscription**[18]. À cela il faut ajouter un moteur secondaire, à savoir les *bonis* de liquidation sur les provisions techniques. Par souci de bonne gestion, les assureurs « non-vie » provisionnent leurs engagements sur sinistres à l'ultime (*i.e.* leur estimation du coût total du sinistre), de façon conservatrice, en tenant compte, notamment, de projections d'inflation des coûts. Or, si l'inflation est plus modeste qu'attendue, les assureurs disposent donc de « gras » dans les provisions techniques qu'ils peuvent reprendre les années suivantes. Ce cas de figure n'est pas du tout théorique, et Moody's estime, par exemple, que ces reprises sur provisions non-vie ont contribué pour plus de 10 points de ratio combiné en moyenne au cours des toutes dernières années ; ce que Willis Re traduit par 4 à 5 points de ROE pour les acteurs de réassurance. Il est inutile de préciser que ce « moteur de performance » s'épuisera vite – si ce n'est déjà le cas –, et que les acteurs « non-vie » ne pourront désormais plus compter que sur leurs résultats techniques et financiers.

- ***Des résultats techniques sous pression sur de nombreuses lignes « non-vie »***

Les dernières années ont vu le capital alloué au marché de l'assurance et de la réassurance non-vie croître significativement, très au-delà des besoins organiques. Deux raisons à cela : des pertes liées aux événements catastrophiques en dessous de la moyenne historique, qui ont permis aux assureurs et réassureurs « non-vie » d'augmenter leurs résultats et notamment leurs fonds propres (car tout n'a pas été distribué en dividendes) ; et des apports de capitaux frais par des investisseurs dits « alternatifs » ou « tiers » qui cherchent légitimement dans l'assurance non-vie une performance décorrélée des marchés financiers. On estime que plus de 75 milliards de dollars sont ainsi entrés dans le marché au cours des années

18. Notons toutefois que les assureurs « santé « et prévoyance », sur les lignes Vie, ont un *business model* plus proche de celui de la « non-vie » que de « l'épargne ».

récentes, sous forme de capital frais pour des *start-up*, des *sidecars*[19], des *cat-bonds* (obligations catastrophes) ou de la réassurance collatéralisée.

Cet apport de capital frais pèse directement sur la souscription, par un simple effet d'offre et de demande : plus de capital cherche à souscrire le même volume de risques. Cela se ressent tout particulièrement sur certaines lignes de réassurance catastrophe (en Europe notamment), de « spécialité » (marine, aviation) ou de responsabilité civile. D'autres lignes primaires (auto, énergie) sont plus préservées néanmoins.

- ***Des résultats financiers en chute libre… et pour combien de temps encore !***

Les assureurs « non-vie » ont des passifs de duration beaucoup plus courte, en moyenne, que les assureurs « vie » et « épargne ». On parle typiquement de 3 à 4 ans de duration. Parfois moins pour les réassureurs catastrophe et un peu plus pour les acteurs spécialisés sur les lignes de responsabilité civile ou d'assurance construction (garantie décennale). Par conséquent, la duration de leurs actifs est également plus courte et ces acteurs ont donc subi de plein fouet la baisse – massive – des taux courts. De plus, ces acteurs doivent structurellement maintenir un certain niveau de liquidité de leurs actifs dans la mesure où des sinistres lourds peuvent toujours se produire, à tout moment. Duration faible et liquidité des actifs : c'est la recette actuellement pour ne plus gagner grand-chose sur des actifs *ad hoc*. Sans surprise donc, le rendement des actifs des assureurs « non-vie » a baissé au cours des dernières années. Cette baisse fut quelquefois camouflée par de simples effets de *mark-to-market*, dans la mesure où la baisse des taux a entraîné une hausse de la valorisation des obligations. Mais cet effet demeure purement « optique » (et est certainement arrivé à son terme, vu le niveau actuel des taux) et les assureurs « non-vie » sont bien confrontés à un alignement d'astres peu réjouissant : une rentabilité technique en baisse ; des rendements financiers en chute ; et de moins en moins d'excédents dans les réserves passées… Au moment même où, comme pour leurs homologues « vie », les exigences de capital augmentent significativement à cause de Solvabilité 2 !

Pour ces acteurs également, de profonds changements stratégiques, d'offres produits ou d'allocation d'actifs sont nécessaires.

19. Véhicule qui prend une tranche proportionnelle, le plus souvent, d'un portefeuille d'un assureur ou réassureur, et qui est capitalisé par des investisseurs tiers.

Graphique 14 – **Performance des marchés boursiers entre 2014 et 2016 (base 100 pour décembre 2014)**

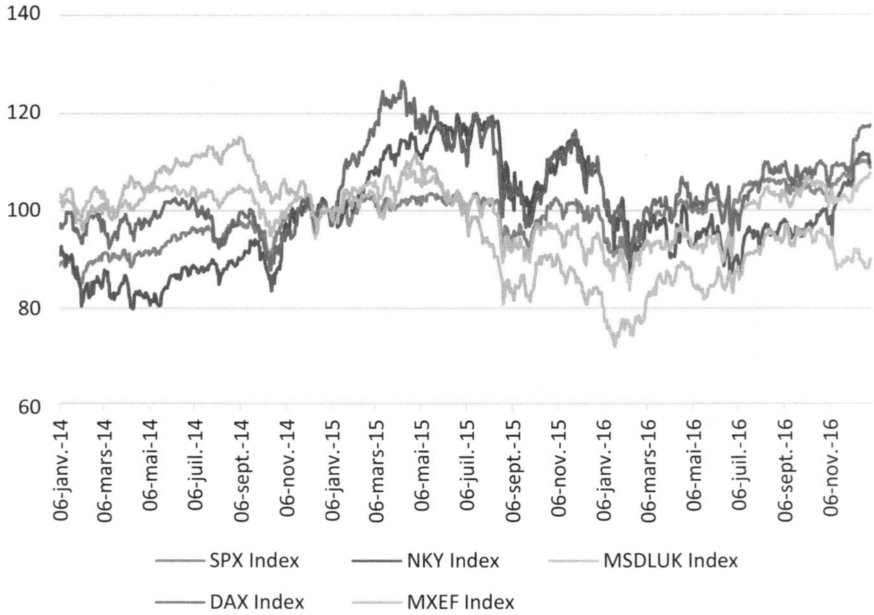

Source : Datastream in Sigma n° 3/2016, Swiss Re.

Cette analyse rapide du marché illustre un point : le capital sous Solvabilité 2 joue un rôle central, moteur, primordial. Sa mesure, sa gestion et ses critères d'éligibilité sont l'objet quasi exclusif des 312 pages des Actes délégués de Solvabilité 2.

2.2. Le rôle central du capital sous Solvabilité 2

2.2.1. Le nerf de la guerre

Comme le sang alimente tous les organes de la même façon chez un être vivant, le capital infuse les différentes parties d'une société d'assurance pour la faire fonctionner et sert désormais d'**unité de mesure commune**. Le rôle social d'un assureur est d'assumer des risques, qu'il diversifie afin de lisser statistiquement la sinistralité. Ces risques peuvent être de souscription (si les sinistres dépassent le niveau des primes), de réserves (pour couvrir les développements adverses des provisions techniques, en cas de hausse de l'inflation ou d'aggravation des sinistres ouverts), de volatilité des actifs (comme l'assureur investit les primes reçues dans des actifs financiers en attendant de payer les sinistres ou prestations), opérationnels (pour couvrir les pertes liées à des erreurs, pannes informatiques, etc.). Sous Solvabilité 1, la mesure du risque était biaisée dans la mesure où seuls les risques de passifs devaient être couverts par du capital. Et encore, ceux-ci étaient estimés de façon très simplifiée, *via* des facteurs volumétriques communs à toutes les lignes de souscription. Depuis le 1er janvier 2016, les règles du jeu ont changé et tous les risques doivent être couverts par du capital, ou être couverts par des instruments de transfert de risques approuvés et conformes à la réglementation. Ce changement de paradigme est total et pas encore totalement intégré par tous les assureurs, qui conservent une certaine inertie vis-à-vis de l'ancien modèle de la gestion en silo des différents risques. Pourtant, ce modèle en silo est inefficace, et ne traduit pas la réalité du profil de risques composite d'un assureur.

2.2.1.1. Principe cœur de la nouvelle réglementation (étalon unique et commun)

À ce stade de l'ouvrage, nous pouvons résumer en quelques mots le nouveau paradigme de gestion du capital sous Solvabilité 2, tel que nous l'avons analysé dans le premier chapitre, et ses premières implications.

- Contrairement à Solvabilité 1, le capital sous Solvabilité 2 est, *a priori*, calculé de façon économique. Un assureur doit disposer de quoi absorber des chocs d'une probabilité 0,5 % par an.
- Pour optimiser son exploitation, un assureur doit donc allouer de la meilleure façon possible, et dynamiquement, ce capital aux différents risques sous-jacents, y compris et surtout les risques financiers. Ces derniers étaient « gratuits » sous Solvabilité 1 mais sont les plus forts contributeurs au SCR sous Solvabilité 2. Le capital étant la matière première la plus rare (et la plus onéreuse), cette allocation est très importante.
- L'assureur doit de plus piloter son exploitation sur une base pluriannuelle, *via* le deuxième pilier de Solvabilité 2, et notamment l'ORSA.
- Pour chaque risque, l'assureur peut désormais réfléchir au coût relatif de porter le risque au bilan ou de le transférer ou le couvrir auprès d'une contrepartie, *via* un produit dérivé ou un contrat de réassurance, plus ou moins exotique. L'approche n'est pas totalement fluide pour les acteurs sous formule standard – comme nous le verrons en détail sur quelques exemples illustratifs –, mais l'est beaucoup plus que sous Solvabilité 1. Dans la formule standard, en effet, certaines contraintes techniques empêchent de prendre en considération les

couvertures les plus complexes (*e.g.* couvertures dynamiques, couvertures agrégées).

- Pour les acteurs les plus sophistiqués, cela change non seulement la gestion du capital proprement dit, mais également le ***business model*** de souscription. En effet, des assureurs peuvent disposer de plusieurs canaux de souscription (leur propre bilan, des « sidecars » pour les réassureurs), et voient se multiplier les opportunités de titriser des risques d'assurance. D'une certaine façon, le *business model* de l'assurance se rapproche de celui du secteur bancaire, dit de l'*originate to distribute*. L'assureur souscrit donc des risques précis, qu'il sait pouvoir transformer en titres dont des investisseurs spécifiques seront friands.

Dans ce cadre, le capital est pour l'assureur un étalon de mesure unique et le référentiel homogène du risque. À quelques exceptions près (notamment la VIF [20]), ce capital doit être fongible, disponible immédiatement pour absorber les pertes, d'où qu'elles viennent. Il peut prendre plusieurs formes : le capital social apporté par les actionnaires, les résultats mis en réserve, du capital hybride (dettes subordonnées) et, nous l'avons vu, des profits futurs. Il peut s'agir d'intérêts minoritaires *ad hoc*. Mais il peut également s'agir de capital contingent, disponible uniquement dans certains cas de figure. La notion de capital contingent est d'ailleurs très vaste : d'une certaine façon, un produit dérivé, un contrat de réassurance sont des solutions de capital contingent. Mais d'autres instruments spécifiques existent également, activés dans des circonstances particulières : comme nous le verrons ultérieurement, cette activation peut provenir d'un choix de l'assureur ou être déclenchée à la suite d'un événement donné, de façon obligatoire.

Mais, aucun instrument ne remplacera une approche de bon sens et la parfaite connaissance du profil de risques de l'assureur. Réciproquement, cette parfaite connaissance du profil de risques de l'assureur lui permettra d'optimiser sa gestion de capital. Ce ne sont pas les instruments qui manquent, ni l'imagination des réassureurs ou des banques d'investissement pour en structurer de nouveaux, sur-mesure ; le tout est de choisir les bons instruments, les plus adaptés en fonction du profil de l'assureur et de la finalité escomptée.

2.2.1.2. Principe de fongibilité du capital

Le capital est désormais l'étalon commun des différents risques. Chaque risque « coûte » et doit être couvert par une quantité donnée de capital. L'intégration

20. *Value in Force* : profits futurs qui sont reconnus, sous certaines contraintes, comme un élément de capital Tier 1 sous Solvabilité 2.

des différents risques se fait alors en additionnant des quantités fongibles de capital, puis en tenant compte des bénéfices de diversification. Ce concept de **fongibilité** est au cœur du changement de monde vers Solvabilité 2. Et il est au cœur des analyses des régulateurs, notamment dans le contrôle consolidé des groupes d'assurance.

La fongibilité du capital signifie que les fonds propres éligibles apportés par les actionnaires doivent indistinctement être en mesure d'absorber des pertes, d'où qu'elles viennent et quel que soit le moment où elles se matérialisent. Celles-ci peuvent apparaître du fait d'une crise financière, parce que la valeur liquidative de certains actifs a chuté au moment où des prestations doivent être payées ; elles peuvent subvenir à cause de catastrophes naturelles, ou d'une aggravation de la sinistralité sur certaines lignes granulaires (*i.e.* plus d'accidents de la circulation liés à des comportements plus risqués des automobilistes). Cette incertitude intrinsèque au marché de l'assurance, qui s'appuie sur des distributions de probabilité pour chaque risque, mène à la création d'une monnaie commune capable de payer pour tout ce qui peut advenir : le capital.

Mais derrière le concept, c'est un bouleversement complet de l'exploitation d'une société d'assurance qui s'impose. Pour caricaturer (à peine), un assureur sous Solvabilité 1 était uniquement piloté par une logique volumétrique : avec tel capital, il était possible de souscrire tel volume de primes, si tant est que les sinistres restaient « contenus ». L'exploitation était pilotée par des objectifs de profitabilité des capitaux engagés. Mais elle l'était néanmoins essentiellement par des objectifs de volumes. Et qu'importe que les lignes souscrites fussent peu volatiles ou très volatiles, l'exigence de capital était identique ! Cette approche non économique a largement freiné l'introduction des bonnes pratiques de gestion des risques et du capital. Bien sûr, même sous Solvabilité 1, il n'était nullement interdit aux assureurs de développer des modèles complémentaires de ***Risk Based Capital***, ou de **capital économique**. Et de nombreux acteurs, cherchant à optimiser leur exploitation ou, raison sans équivoque, à satisfaire aux exigences plus strictes des agences de notation, ont anticipé l'introduction de Solvabilité 2. Ainsi, AXA, Allianz, SCOR, et tant d'autres n'ont pas attendu le 1er janvier 2016 pour disposer d'outils de gestion et de calibration du capital de premier plan.

Toutefois, tous les assureurs se retrouvent à égalité (ou presque[21]) désormais. Et la question à laquelle ils doivent répondre est : j'ai une quantité donnée de capital disponible, que puis-je donc bien faire avec ce capital, afin de l'employer au

---

21. Presque, car entre les spécificités nationales (qui n'ont pas disparu), les mesures transitoires que chaque assureur peut appliquer (avec ou sans approbation du régulateur), il convient de souligner que le marché de l'assurance européen est encore loin du « level playing field » que les textes suggéraient…

mieux ? Comment dois-je l'allouer entre mes passifs et mes actifs ? Et au sein de la poche d'investissements, quelle allocation entre les différentes classes d'actifs ? Dans mon développement commercial, dois-je pousser l'effort marketing sur telle ligne ou telle autre ?

Bien sûr, la réponse à la question concernant la stratégie de souscription dépend de nombreux facteurs : environnement concurrentiel, pouvoir de différenciation et de *pricing*, canal de distribution adapté ou non, accès à des modèles de tarification pointus, à la réassurance pour certaines lignes très spécifiques... Mais elle dépend aussi, et de façon critique, du capital disponible pour supporter la souscription ! Le Tableau 3 ci-dessous illustre ce point en rappelant les facteurs utilisés pour le calcul du risque de souscription sous Solvabilité 2, en fonction des différentes lignes d'assurance. Sans surprise, les calibrations dépendent désormais de la nature des lignes et de leur volatilité, et il est plus onéreux de souscrire de la responsabilité civile que de l'assurance dommage aux biens.

Tableau 3 – **Calibration du SCR non-vie (souscription et réserves)**

Ligne d'activité	Charge SCR souscription	Charge SCR réserves
Automobile RC	10 %	9 %
Auto, autres risques	8 %	8 %
Marine, Aviation, Transport	15 %	11 %
Dommages aux biens	8 %	10 %
RC générale	14 %	11 %
Crédit et garanties	12 %	19 %
Assurance juridique	7 %	12 %
Assistance	9 %	20 %
Autres risques	13 %	20 %

Source : Actes délégués Solvabilité 2.

La même question appelle la même réponse en ce qui concerne l'allocation d'actifs, de façon encore plus large. En effet, toutes choses égales par ailleurs, les assureurs sont confrontés à des choix entre i) prendre peu de risques (et espérer peu de rendement hélas), et allouer peu de capital et ii) prendre plus de risques et allouer plus de capital. Entre une obligation souveraine d'un pays de l'Union européenne, émise en devise domestique et chargée à 0 % (risque de marché, hors risque de taux) et une action non cotée, chargée à 49 %, il y a une double différence : une différence de rendement espéré (moins de 1 % par an à l'été 2016 pour la plupart des obligations souveraines européennes contre 6 % à 10 % par an en moyenne pour le non coté), et une différence de capital immobilisé (de 49 %, hors bénéfice de diversification !) Le Tableau 4 ci-dessous rappelle la calibration des différents risques financiers (SCR de marché) et les rendements de ces actifs.

Face aux risques de marché, la position des assureurs varie grandement. Certains acteurs considèrent que leur valeur ajoutée tient surtout à leur expertise dans la souscription des risques d'assurance (ou de réassurance) au passif. Ils soulignent que leurs actionnaires ont tout loisir de souscrire les risques financiers directement, dans une logique de portefeuille, en les choisissant précisément suivant leur appétit. Par exemple, l'assureur composite allemand Talanx insiste sur ce point et souligne, dans ses rapports annuels et présentations aux investisseurs, que son objectif est de ne pas prendre de risques excessifs à l'actif, de se concentrer au contraire sur le passif et, qu'au final, son SCR de marché reste inférieur à 50 % du SCR total (ce qui doit néanmoins interpeller, et illustrer qu'un assureur, même peu appètent aux risques de marché, finira par allouer la moitié au moins de son capital à ces risques financiers).

À l'inverse, certains acteurs « vie » ou « non-vie » ont une approche exactement opposée. Les acteurs « vie » (et notamment épargne ou retraite) justifient qu'ils sont essentiellement des gestionnaires d'actifs. Legal & General par exemple a développé une expertise reconnue dans l'origination et la gestion d'actifs réels (*e.g.* infrastructures, prêts de financement longs à l'économie), qui lui servent par ailleurs (sans que ce soit une coïncidence) pour couvrir ses engagements d'épargne retraite. Le corollaire de cette stratégie est évidemment que le SCR alloué aux risques de marché dépasse alors 75 % du SCR total. Berkshire Hathaway est un autre exemple – certes non soumis à Solvabilité 2. Son approche est de souscrire – le plus efficacement possible bien sûr – des risques pour disposer d'un volant de liquidité, appelé « float » en langage maison, que la société peut investir avec profit. La souscription d'assurance devient ainsi un « effet de levier » financier, d'autant plus attractif qu'il est *a priori* à coût négatif (le résultat de souscription) !

Tableau 4 – **SCR risque de marché et rendement espéré de différentes classes d'actifs**

Classe d'actifs	Rendement espéré	SCR marché	*RoSCR*
Govies (*e.g.* France)	20 bps	0	Non significatif
Crédit *Investment Grade*	100 bps	12,5 %	8 %
Crédit *High-Yield*	420 bps	30 %	14 %
Actions	~ 500 bps	39 %	12,8 %
Risque de change	Non disponible	25 %	Non disponible
Immobilier	~ 300 bps	25 %	12 %

Note : RoSCR = Return on SCR.

Source : Actes délégués, Bloomberg, Datastream (à début juillet 2016).

2.2.1.3. *Un changement de stratégie, depuis une approche en silo, jusqu'à une gestion homogène et holistique*

Le référentiel Solvabilité 1 favorisait – et même encourageait, d'une certaine façon – la gestion en silo des sociétés d'assurance. La souscription et l'actuariat pilotaient le passif ; la direction des investissements pilotait l'allocation stratégique et tactique d'actifs ; et parfois une direction ALM faisait le pont entre les deux, mais surtout pour formaliser des *guidelines* d'investissements ou gérer le risque de duration. Les différentes directions disposaient d'objectifs, de KPI (*Key Performance Indicators*[22]), essentiellement fondés sur des données volumétriques. Le capital n'était alloué qu'au passif et la gestion d'actifs était encadrée par des règles tatillonnes, que ce soit en termes d'éligibilité, de limites ou de comptabilisation (en coût historique le plus souvent). Les assureurs français se souviennent sans doute sans nostalgie des anciens articles R-332-19 et R-332-20 du Code des assurances...

Cette gestion en silo s'intégrait parfaitement dans une approche conservatrice, très peu flexible, où les exercices annuels se succédaient sans grandes innovations. La souscription était pilotée en fonction de la marge de solvabilité disponible. L'allocation d'actifs ne bougeait que peu. Les programmes de réassurance étaient renouvelés année après année, souvent dans une logique de budget de primes.

L'approche *rule-based* avait le mérite d'exister et il ne s'agit pas de la blâmer. Comme dans le secteur bancaire (avec successivement Bâle 1, puis Bâle 2), la régulation des sociétés d'assurance a évolué progressivement. Et force est de constater que cette régulation ne fut pas insuffisante car peu de sociétés d'assurance ont fait faillite en Europe depuis une trentaine d'années. Cela s'explique certainement par bien d'autres facteurs : la plus grande stabilité intrinsèque de l'assurance en comparaison de la banque : le marché de l'assurance apparaît moins systémique que le marché bancaire ; le plus grand conservatisme des acteurs aussi, qui, à quelques exceptions près, ont toujours été très prudents en matière d'investissements ; un *business model* profitable pour l'assurance vie tant que le niveau des garanties proposées aux assurés était substantiellement moins élevé que le niveau des taux d'intérêt...

Les nouvelles règles du jeu sont totalement différentes. Les (meilleures) pratiques des sociétés d'assurance le sont également. La gestion de capital devient centrale, et sa répartition le fruit d'un processus rationnel, conjonction typiquement d'une approche *top-down* et d'une approche *bottom-up*.

22. Indicateurs clés de performance.

L'approche top-down

Pour tous les acteurs, le capital est le principal élément limitant. Les assureurs disposent d'un certain volume de fonds propres éligibles au sens de Solvabilité 2. Ce capital doit alors être employé le plus utilement possible. Parfois, l'assureur peut réaliser qu'il ne dispose pas de suffisamment d'opportunités de souscription ou d'investissements conformes à son cahier des charges et à sa stratégie. Il peut alors amender cette stratégie, en élargissant les règles d'investissements (pour prendre plus de risques financiers) ou en souscrivant de nouveaux risques (au passif). Ou bien, il peut décider de rendre le capital à ses actionnaires, *via* des rachats d'actions ou le versement de dividendes exceptionnels. Mais le plus souvent, l'assureur devra au contraire *limiter* ses risques pour tenir compte du volume donné de capital dont il dispose. Il définira alors une cible de capital, en général liée à un **objectif** (ou une bande) **de couverture de son SCR**, cohérente avec son profil de risques et qu'il pourra communiquer au marché, ou liée à un **objectif de *rating* ambitieux** (par exemple AA pour S&P). Dans ce dernier cas, les exigences de capital sont typiquement plus conservatrices que la simple couverture du SCR.

Une fois le volume de capital déterminé, le processus d'allocation peut commencer, par itérations successives et de plus en plus granulaires. Cette allocation débute par les entités opérationnelles, se poursuit par les lignes d'activité, et ainsi de suite. De la même façon, pour les actifs, l'assureur débutera par l'**allocation stratégique** entre classes d'actifs, qui traduira à la fois le profil de risques choisi et le volume de capital total disponible pour supporter les actifs. Ensuite, l'allocation de capital se fera de plus en plus granulaire.

L'approche *top-down* s'inscrit dans le cycle d'activité à moyen terme, et doit tenir compte de l'accroissement organique des besoins de capital liés à la souscription (*business strain* et *capital strain* en anglais) et, éventuellement, des différents projets de croissance externe. Cela fait référence à l'ORSA qui a été évoqué au premier chapitre.

L'approche bottom-up

Une fois que l'assureur a identifié les grandes masses et son choix stratégique d'allocation entre les grands modules de risques, la gestion opérationnelle doit s'appuyer sur le niveau micro. *In fine*, la profitabilité viendra des résultats de souscription et du rendement des actifs investis. Et ces deux facteurs doivent par construction être pilotés au plus près du terrain, *via* l'effort **commercial** (marketing), l'**actuariat** (structuration et tarification des produits) et l'**ALM** (à quel résultat financier peut-on raisonnablement s'attendre sur les lignes en question, en fonction de l'appétit aux risques de marché, de la liquidité des passifs et de leur volatilité). On constate aisément que l'articulation de tous ces paramètres, si possible en « temps réel », est très complexe, et nécessite des systèmes d'information, des modèles de tarification et de diffusion ALM, ou encore des générateurs de scénarios économiques de premier plan. Mais l'informatique ne fait pas tout, et cette articulation exige aussi des processus de gestion des risques, de pilotage, de gouvernance de haut niveau et intégrés, ainsi qu'une très forte réactivité de tous les départements de l'assureur. À la fin, tout doit s'appuyer sur des décisions humaines.

Les assureurs les plus performants devraient pouvoir arbitrer entre telle modification de la tarification d'un produit et tel accroissement incrémental des risques pris dans le portefeuille d'actifs pour moduler le rendement sur capitaux investis. Ces arbitrages ne sont possibles que si l'assureur dispose des meilleures sources d'information pour alimenter ses décisions.

Les opérations sont dynamiques et doivent épouser les conditions de marché. Du côté de l'actif, est-il besoin de rappeler que, depuis 2007, le monde vit au rythme des crises financières, des tensions internationales et de la volatilité des principaux indices ? Il convient ainsi de disposer d'une très grande réactivité dans l'allocation tactique des actifs, non pas pour spéculer – ce qui n'est pas le rôle d'un assureur –, mais plutôt pour anticiper ou réagir aux changements forts de paradigme. Ainsi, l'introduction des politiques non conventionnelles par les banques centrales (*e.g.* LTRO – *Long-Term Refinancing Operations* – de la BCE) ou, à l'inverse, leur modification (*e.g.* le *Tapering*[23] de la Fed), l'assèchement soudain de la liquidité de certains compartiments dans le sillage de la crise grecque, le vote surprise du Brexit britannique, l'élection surprise de Donald Trump aux États-Unis, tous ces événements sont de nature à changer profondément, et parfois brutalement, les conditions financières. Les assureurs doivent donc être en mesure d'en tenir compte aussi vite et précisément que possible.

Du côté du passif, la volatilité du marché et de ses conditions de souscription dépend des lignes d'activité. Ainsi, les lignes Dommages aux biens, grands risques et risques dits de spécialité (Marine, Aviation, Énergie) peuvent voir leurs conditions de souscription changer massivement en cas de survenance d'événements lourds, de type catastrophe naturelle ou humaine. Après la succession des ouragans Katrina, Rita et Wilma en 2005, le marché de la réassurance catastrophique a été

23. De l'anglais « to taper » : « réduire ».

bouleversé par les pertes massives subies[24], puis par l'entrée tout aussi massive de capital frais, sous forme de recapitalisation d'acteurs existants, de *start-up*, de *sidecars* de réassurance, etc. Les tensions brusques sur les taux de souscription ont en effet entraîné une hausse massive de la profitabilité de ces lignes, et les acteurs les plus prompts à disposer de nouvelles ressources furent les grands gagnants du cycle qui s'amorçait et qui dura quelques années. D'autres lignes d'activité, notamment d'assurance primaire, sont moins volatiles. Mais la réactivité de souscription demeure un élément clé pour piloter au mieux l'allocation de capital et les arbitrages entre les différents risques.

De façon complémentaire, l'analyse des assureurs doit permettre de mesurer les risques qui sont plus efficacement portés et ceux qui peuvent être efficacement couverts ou cédés. Les solutions de transfert de risques se sont considérablement développées au cours des dernières décennies. Chaque jour ou presque, de nouveaux risques deviennent assurables. De même, les instruments de couverture de risques financiers se sont enrichis. Il était possible de couvrir les risques de taux *via* des *swaps* ou des options (*swaptions, caps, floors*...), les risques de change *via* des *forwards/futures* ou des options, les risques action *via* des options ou des *futures/forwards* – autant d'instruments standardisés, listés ou OTC – *over-the-counter*). Mais la panoplie s'est enrichie d'instruments sur le crédit (CDS – *credit default swaps*, tranches iTraxx, options sur iTraxx), les *swap-spreads* (*e.g.* le *spread* d'un risque de crédit au-dessus du niveau de *swap* Euribor/Libor), la volatilité (importante pour couvrir les options et garanties incluses dans les passifs techniques d'assurance vie notamment)... Suivant les conditions de marché, l'arbitrage est clair : est-il plus intéressant de conserver un risque ou de le couvrir ? Cela change considérablement l'approche du *risk management*. Jusqu'à récemment, les opérations de couverture consistaient essentiellement à piloter les risques de pointe et de cumul (*e.g.* catastrophes naturelles réassurées, risques de rachats anticipés massifs « couverts » *via* des options de taux). Aujourd'hui, l'approche est plus fine, plus systématique et plus tactique.

En résumé, la question essentielle reste : qui est le mieux placé pour porter un risque ? Est-ce l'assureur qui y allouera une partie de son capital, en espérant disposer d'un retour attractif ? Est-ce une tierce partie, réassureur ou contrepartie d'un produit dérivé ? Le capital est la matière première la plus précieuse, avec l'expertise humaine bien sûr. Il convient donc d'en prendre soin, de l'utiliser avec efficacité et d'en tirer le meilleur parti.

---

24. D'après le réassureur Swiss Re, les catastrophes naturelles et d'origine humaine ont causé 225 milliards de dollars de pertes en 2005, dont environ 80 milliards de dollars étaient assurés. Cela a fait de l'année 2005 la plus coûteuse jamais enregistrée pour les assureurs (*Swiss Re Sigma, Catastrophe report 2005*).

2.2.2. Le capital doit répondre au choix de profil de risques

La gestion du capital d'une société d'assurance devrait s'inspirer de la célèbre devise socratique : « connais-toi toi-même ». Se connaître, se connaître *vraiment* est la base, qui permet au management d'un assureur de prendre les meilleures décisions. En connaissant son profil de risques, on peut gérer les scénarios de pointe et donc réduire le capital réglementaire, calibré sur ces scénarios. En connaissant son profil de risques, on peut allouer son capital de la façon la plus efficiente, pour diversifier les revenus et les risques. On peut sélectionner les risques à conserver, les risques à couvrir ou transférer, en fonction de l'appétit interne ou du bilan coût/avantage de chaque décision. On peut décider de disposer de capital tout de suite, ou de capital plus tard, sous la forme de capital contingent par exemple. Tous les profils de risques ne se prêtent pas à cette approche et, symétriquement, les autorités de supervision prudentielle ou les agences de *rating* (ou les actionnaires et autres *stakeholders*) seront d'autant plus favorables à ces instruments qu'ils s'intègrent dans un rationnel précis et que leur choix a été mûrement réfléchi et intégré à la stratégie d'ensemble de gestion des risques et du capital de l'assureur.

Le profil de risques d'un assureur ne se résume pas simplement à une courbe de **probabilité de ruine agrégée**. Ce serait trop simpliste. Et l'optimisation de sa gestion de capital nécessite une approche beaucoup plus fine. En fait, l'approche idéale est multi-niveau. Au **premier niveau**, l'assureur doit pouvoir analyser la dynamique et le profil de chaque risque individuel qu'il souscrit. Le niveau de granularité peut être la ligne d'activité ou la classe d'actifs. Puis, l'assureur doit analyser l'agrégation de ces risques, suivant deux axes : la **diversification entre lignes d'activité** et l'**interconnexion actif/passif** (ALM). Enfin, l'assureur doit pouvoir gérer son appétit au **risque global**, au niveau macro. Les instruments de couverture ou de transfert de risques (cf. Chapitre 3) sont pertinents à l'un ou l'autre de ces niveaux. Par exemple, une option de vente d'action (un *put*) permettra de protéger une ligne ou un portefeuille donné au niveau le plus granulaire, notamment en protégeant l'assureur contre des dépréciations comptables. À l'inverse, le même *put* pourra servir de *macro-hedge* au niveau consolidé si le profil de risques agrégé peut être positivement corrélé à des indices actions (ce qui est le cas pour des portefeuilles d'unités de compte par exemple). Il pourra s'agir du même instrument, mais son implémentation ne sera pas le même dans les deux cas ; ni le bénéfice escompté sous Solvabilité 2.

Une autre illustration : un assureur souscrivant des risques de mortalité, par exemple liés à des contrats emprunteurs ou à des garanties professionnelles, pourra choisir de couvrir les risques de pointe (*e.g.* pandémie) *via* de la réassurance ou des obligations catastrophes (*mortality bond*). La couverture se fera alors au niveau de la ligne d'activité. Il pourra également souscrire des risques de longévité, *via* des contrats d'épargne retraite par exemple. Alors, la longévité « neutralisera » la mortalité grâce à la diversification entre les deux risques. On peut même aller plus loin et imaginer qu'un acteur disposant d'un gros portefeuille de risques de mortalité trouvera un avantage concurrentiel, en matière de tarification, à souscrire ces risques de longévité. Dans ces conditions, il est non seulement inutile mais même inefficace de couvrir le risque de pointe !

Et, pour ne rien simplifier, la formule standard de Solvabilité 2 biaise cette analyse, dans la mesure où les processus et critères d'éligibilité des stratégies de couverture et de transferts de risques incitent à travailler au niveau le plus micro et granulaire possible. Or, un tel niveau n'est pas forcément le mieux adapté, comme évoqué, à cause notamment des effets de diversification ou des effets ALM (notamment la capacité d'absorption des pertes *via* la participation aux bénéfices sur les contrats vie).

Comme souvent, il faut savoir partir de la conclusion pour revenir aux prémices. Que cherche à obtenir l'assureur ? En fonction de cette finalité, il pourra sélectionner le meilleur instrument, et le meilleur niveau pour l'appliquer. Reprenons l'exemple de la couverture du risque de mortalité. Si l'assureur souhaite disposer d'une économie de capital réglementaire ($SCR_{mortality}$), il aura tout intérêt à souscrire de la réassurance au niveau de la ligne de *business* et de l'entité opérationnelle *ad hoc*. C'est à ce niveau que l'impact sera le plus facile à justifier sous Solvabilité 2. Si, au contraire, l'assureur cherche une macro-couverture et cherche à réduire sa probabilité de ruine, ou de façon moins critique à préserver sa capacité bénéficiaire et son aptitude à verser des dividendes stables à ses actionnaires, il pourra privilégier une approche consolidée. Sa macro-couverture sera alors établie sur mesure et prendra en compte les éléments de diversification.

De la même manière, suivant les objectifs que l'assureur recherche, et notamment son ambition en matière de gestion de capital, il devra disposer d'**outils de modélisation et de projection** très spécifiques. Comme nous le verrons ultérieurement dans cet ouvrage, l'utilisation de produits dérivés « hybrides » (action/taux) peut être une solution à la fois élégante et efficace économiquement de couverture de certains risques, tels le risque de rachat anticipé des polices. Suivant la calibration et la structure retenue, il sera ainsi possible de réduire la prime du produit dérivé de 60 % par rapport à des solutions simples. Mais tout cela nécessite... un **modèle** qui puisse prendre en compte ces *pay-offs* ! En effet, le deuxième pilier de Solvabilité 2 exige que l'assureur puisse comprendre et documenter son profil de risques, et choisir les stratégies de couverture en fonction de leur impact sur ce profil de risques.

2.3. Implications sur le *business model* des assureurs

Le capital est le cœur de la machine. Et, comme nous l'avons évoqué, il se trouve au confluent de toutes les activités des assureurs : souscription des risques, gestion du *run-off* des provisions techniques, gestion d'actifs... Si Solvabilité 2 modifie en profondeur sa gestion intrinsèque, elle modifie également en profondeur l'environnement concurrentiel et compétitif de l'assurance. Les produits anciens et actuels sont-ils encore adaptés au nouveau paradigme ? Comment la compétition avec d'autres solutions d'épargne est-elle modifiée par l'entrée en vigueur de Solvabilité 2 ? Quel pouvoir de *pricing* reste-t-il entre les mains des assureurs ? Et comment, à l'inverse, les clients peuvent-ils retrouver des marges de manœuvre dans la négociation commerciale des couvertures, en faisant jouer la concurrence, y compris avec des solutions alternatives ou de substitution ?

2.3.1. Analyse de *Porter* (substituts, nouveaux entrants, besoins des clients...)

La gestion d'une société d'assurance est une science (actuarielle, financière), mais elle est aussi un art. Il est très aisé de se noyer dans la technique et d'oublier de prendre du recul et de se poser les bonnes questions : que cherche-t-on à accomplir ? Y a-t-il de meilleures façons d'aborder le problème ? Et à l'opposé, un dirigeant de société d'assurance ne peut faire l'économie d'un minimum de formalisme et de compréhension fine des dynamiques des risques, de leurs interactions, etc. Mathématiquement, ces dynamiques font appel à la théorie des copules, qui est extrêmement compliquée.

Mais au-delà de ces spécificités techniques, le marché de l'assurance reste... un marché compétitif et on n'a encore rien trouvé de mieux que les analyses de Porter pour comprendre et piloter une activité économique de nature commerciale : le professeur Michael Porter[25], dans ses travaux séminaux publiés en 1979, considérait en effet que l'analyse stratégique et concurrentielle d'un *business* dépendait de 5 « forces » :

- Le pouvoir de négociation des clients.
- Le pouvoir de négociation des fournisseurs.
- La menace des produits ou services de substitution.
- La menace d'entrants potentiels sur le marché.
- L'intensité de la rivalité entre les concurrents.

---

25. Professeur, entre autres, à l'Université de Harvard.

Chacune de ces forces prend une signification bien particulière dans le marché de l'assurance.

Les 5 forces de Porter…	…Et leur traduction pour les assureurs
Pouvoir de négociation des clients	• Le principal concurrent de l'assurance est l'auto-assurance ! • Les clients peuvent influer sur la tarification, en fonction de leur pouvoir de souscription et d'une transparence accrue des tarifs, facilitée par le développement des comparateurs de prix. • Certaines législations récentes permettent de résilier plus simplement les contrats d'assurance, sur une base annuelle (y compris les contrats de mortalité des prêts immobiliers).
Pouvoir de négociation des fournisseurs	• Ces fournisseurs sont multiples : réassurance, marchés financiers, garages automobiles, fabricants de pièces détachées, réseaux de soins… • Les assureurs sont des agents micro-économiques, mais ils peuvent poser des problèmes systémiques (*i.e.* problème évoqué ci-après des appels de marge sur dérivés).
Menace des produits ou services de substitution	Les solutions bancaires et OPCVM peuvent être des concurrents des solutions d'épargne des assureurs (et le sont dans certains pays où les avantages fiscaux ne sont pas spécifiques à l'assurance, comme aux Pays-Bas)[26].
Menace d'entrants potentiels sur le marché	Ces entrants peuvent être des *start-up*… ou Google ou Facebook, qui utiliseront leurs bases de données gigantesques pour mieux segmenter les clients, proposer des produits et tarifications adaptés, et leur notoriété exceptionnelle pour capturer un peu plus de la valeur ajoutée de la relation client.
Intensité de la rivalité entre les concurrents	Les lignes les plus « vanilles » et « simples » sont celles sur lesquelles l'intensité concurrentielle est la plus forte ; d'où la nécessité d'innover et de se différencier par l'offre produits également.

Solvabilité 2 modifie en profondeur l'environnement compétitif des assureurs. En renchérissant le coût des garanties fournies aux assurés dans les produits d'épargne, ces normes prudentielles modifient l'attractivité de ces solutions en comparaison d'autres solutions d'épargne bancaire, par exemple. On voit alors les **menaces de substitution**. Le niveau de capital influencera également la capacité des assureurs à proposer des solutions attractives pour les assurés, accroissant l'**intensité concurrentielle** entre acteurs. La gestion des *back-books*, c'est-à-dire des passifs historiques, souscrits dans d'autres environnements de taux, peut

26. Notons toutefois que la plupart de ces produits de substitution ne bénéficient pas d'une garantie viagère, et ne permettent pas toujours une mutualisation intergénérationnelle, comme les mécanismes de Participation aux Bénéfices des contrats euro en France.

littéralement affaiblir certains acteurs, qui seront moins agiles et pourront perdre des parts de marché sur les nouvelles souscriptions, par rapport à de nouveaux entrants disposant de bilans frais et neufs. En cas de remontée rapide des taux d'intérêt, cette menace de nouveaux entrants pourrait devenir très lourde pour les acteurs établis, et rebattre massivement les cartes… Les nouveaux entrants pourraient, en effet, proposer immédiatement des garanties et des rémunérations plus élevées, en investissant dans des actifs financiers aux nouvelles conditions de marché. À l'inverse, les anciens acteurs souffriraient de l'hystérésis de leurs bilans… et mettraient du temps pour s'adapter à ces conditions de marché.

2.3.2. Illustration sur la liquidité : de l'inversion du cycle de production à la gestion des appels de marge… Comment Solvabilité 2 rebat les cartes de l'industrie

Le risque de marché représente 50 % à 75 % du besoin de capital d'une société d'assurance. Le risque de liquidité représente… 0 % de ce même besoin de capital. Il peut donc paraître étonnant de s'y appesantir. Et d'autant plus qu'un assureur, nous l'avons rappelé, est *a priori* structurellement confronté à un **excès de liquidité**, *via* l'inversion du cycle de production. Il reçoit les primes avant de payer les sinistres. Il se retrouve donc dans la situation exactement opposée à celle de la transformation bancaire, qui consiste à prêter à long terme et à se refinancer à plus court terme. On comprend donc que le sujet de la liquidité ait été au cœur des réformes successives de Bâle 3, avec notamment l'introduction des exigences spécifiques de LCR[27] (liquidité à court terme pour les banques) et NFSR[28] (liquidité à un an). Après tout, la liquidité fut à l'origine de certains défauts pendant la crise… Il en est autrement de l'assurance… jusqu'à un certain point toutefois…

Les enjeux de liquidité auxquels sont confrontées les sociétés d'assurance ont deux sources principales : 1) l'incertitude sur le **cadencement du paiement** des sinistres, qui peut, dans des cas de stress, entraîner la vente forcée d'actifs peu liquides ; 2) le **portefeuille de produits dérivés**, notamment de taux, qui nécessite, dans certaines conditions de marché (typiquement en cas de hausse importante des taux), des **appels de marge** sous forme de *cash* ou de titres obligataires éligibles.

---

27. *Liquidity Capital Requirement* (*in* « Bâle 3 : ratio de liquidité à court terme et outils de suivi du risque de liquidité », janvier 2013, Banque des règlements internationaux).
28. *Net Stable Funding Ratio*.

Le plus souvent, un sinistre survient de façon aléatoire. Sur les lignes granulaires (*e.g.* contrats automobiles, Multi Risques Habitation – MRH), la loi des grands nombres joue à plein et réduit la volatilité liée à cette incertitude, sans l'annuler totalement. Des déviations comportementales peuvent peser sur les ratios combinés, ou encore des événements climatiques lourds (inondations, tempêtes de grêle, etc.) Sur les lignes Grands risques, la volatilité est intrinsèquement plus élevée encore, et l'impact de sinistres lourds plus considérable. On peut penser par exemple au coût d'une catastrophe aérienne, de l'explosion accidentelle d'une usine ou d'une plateforme de forage pétrolier *off-shore*. Une telle usine coûte aujourd'hui un milliard de dollars au moins. Un A-380 transporte 500 passagers. Et, plus largement, le monde a connu au cours des trente dernières années une vague d'**enrichissement** massif, s'accompagnant d'une augmentation tout aussi massive des valeurs assurées... Et dans le même temps, une vague de **concentration** géographique de ces richesses. Pensons par exemple à la côte de Floride, à la Californie, au sillon rhodanien en France, à l'île de Taïwan, etc. Ces régions concentrent des richesses inédites à l'échelle humaine et, plus lourdement, concentrent parfois des industries clés dont la destruction entraînerait des disruptions économiques massives, bien au-delà de la simple zone géographique concernée. Sait-on que l'essentiel des processeurs utilisés désormais dans tous les appareils électroniques est fabriqué dans quelques usines, concentrées au même endroit ? Quelles conséquences économiques sur les *supply-chains* mondiale aurait une catastrophe naturelle (ou humaine) sur ces zones ? Et quelles conséquences pour les sociétés d'assurance qui devraient payer directement les sinistres et indirectement les indemnisations liées aux lignes de « business interruption » souscrites à des milliers de kilomètres des zones touchées ?

Cette incertitude sur le niveau et le cadencement des sinistres est parfaitement prise en compte dans les modèles de Solvabilité 2, *via* les charges en capital *ad hoc* sur les risques de souscription ($SCR_{premium}$) et de déviation adverse des provisions techniques ($SCR_{réserves}$). Mais il est un risque – ou un corollaire – de cette incertitude qui n'est pourtant pas capturé par la réglementation : le **risque financier de liquidité** des actifs. Depuis la crise de 2007, le paradigme financier a changé. Et notamment, la liquidité du marché des produits de taux et de crédit, qui constitue le plus gros du bilan des assureurs, s'est effondrée, essentiellement du fait des contraintes en capital des *market makers* (*i.e.* les banques qui animaient/et animent toujours, malgré tout, la liquidité secondaire des marchés de produits à taux fixes). Dans ces conditions, quelle garantie un assureur peut-il avoir de disposer de contreparties capables de lui racheter ses investissements, au prix escompté, en cas de pic de sinistralité ? La liquidité de certaines obligations *corporate* se compte en millions d'euros par jour. Parfois moins. Nous sommes donc loin des besoins potentiels en cas de gros sinistre. Or, contrairement aux banques, les assureurs ne disposent pas d'accès directs aux **prêteurs en dernier ressort** que sont les banques centrales. La question s'était posée pendant la crise de 2008, mais la décision unanime fut de limiter l'accès aux guichets des banques centrales aux établissements de crédit, qui, selon la parfaite application de la théorie qui fonde leur action, y trouvent de la liquidité, à un prix qui peut être punitif (en théorie), du moment que ces entités sont solvables. Les assureurs, de leur côté, doivent compter sur la valeur liquidative de leurs actifs, sur des lignes de crédit non tirées pour certains, et sur le marché du *repo* (*repurchase agreement*) – donc sur les banques. Or, le marché du *repo* n'est pas magique et ses conditions peuvent changer, en fonction des conditions de refinancement de ces mêmes banques vis-à-vis des banques centrales ou du marché interbancaire. Devant ce dilemme, certains assureurs ont choisi d'augmenter l'allocation à leur poche d'obligations publiques et de *cash*. Les obligations publiques (et si possible des pays dits « cœur » et si possible de faible duration) sont en effet restées très liquides et recherchées, même au paroxysme des tensions que le monde a connues entre 2007 et 2012. Ce fut, pour une part, l'effet du *flight to quality* des investisseurs vers les actifs vus comme les plus solides. Mais le revers de la médaille est naturellement que ces poches ne rapportent plus rien, et proposent même des rendements négatifs ! La liquidité a donc un coût, à défaut d'avoir une charge sous Solvabilité 2.

Le deuxième enjeu de liquidité se concentre au niveau des portefeuilles de produits dérivés, et notamment des questions d'**appels de marge**. Une pratique, à la fois répandue et efficace économiquement, fut de gérer l'ALM, et notamment le « duration gap » entre actifs et passifs, **synthétiquement** *via* des *swaps* de taux. Cette approche permet un **pilotage plus fin de la duration** des actifs car les *swaps* sont plus flexibles que les obligations publiques ou privées. Mais elle permet, de façon plus large, de **décorréler la gestion de crédit de la gestion de la duration**. Ainsi, les assureurs peuvent gérer leur poche de crédit sur la base d'une maximisation de rendement, sans se préoccuper (trop) de l'impact sur la duration totale qui sera affinée par le portefeuille de swaps. Le marché des *swaps* de taux est l'un des plus profonds et liquides du monde. Au deuxième semestre 2015, la Banque des règlements internationaux (BRI) faisait état d'un notionnel mondial de **288 634 milliards de dollars** ! Ce chiffre doit bien entendu être pris pour ce qu'il est, c'est-à-dire la somme des notionaux, qui peuvent se compenser pour une part. Mais il illustre la profondeur de ce marché. Le plus souvent, les assureurs sont **receveurs de taux fixes** et **payeurs de taux variables**, au titre de ces *swaps*. Dans la période de taux bas que nous connaissons, ces protections sont très favorables et positives. Mais que se passerait-il en cas de hausse des taux ? Par définition, les assureurs devraient payer plus au titre de ces *swaps*, dans la jambe variable, qu'ils ne recevraient au titre de la jambe fixe. Mais ils devraient surtout **apporter du collatéral** pour neutraliser le risque de contrepartie au titre du *mark-to-market* du *swap* ! Et pour des swaps de maturité 10, 20 ou 30 ans, ces effets de *mark-to-market* peuvent être considérables.

Or, ces *swaps* sont désormais compensés sur des **plateformes** et ne sont plus OTC (*over-the-counter*). Cette règle, introduite et généralisée après la faillite de Lehman Brothers, doit permettre d'éviter les effets de contagion d'une telle faillite *via* le marché interbancaire. Elle est donc certainement positive pour améliorer la stabilité financière globale. Mais le point sombre tient aux règles extrêmement strictes concernant les collatéraux éligibles pour régler les appels de marge. Les seuls actifs acceptés sont en effet le ***cash*** et les **obligations publiques** de la meilleure qualité et de faible duration ! Cette règle peut rapidement devenir une contrainte si les taux augmentent. Dans ce cas, chaque assureur se retrouvera en quête de *cash*… au même moment… et pour des montants considérables… Nul besoin d'être grand clerc pour anticiper les problèmes structurels qui se poseraient (ou se *poseront*) alors. Et il est particulièrement préoccupant de constater que les autorités de supervision prudentielle ne se sont pas encore – totalement – emparées de ce sujet. Bien sûr, des solutions existent et des banques proposent des lignes de liquidité ou de *repo* contingentes aux taux. Mais elles demeurent trop parcellaires, et surtout trop peu répandues.

Les assureurs effectuent des *stress-tests* de liquidité et agissent en conséquence, comme nous l'avons indiqué. Ils conservent des poches de *cash* ou d'actifs très liquides, ils souscrivent des produits dérivés ou entrent dans des lignes de liquidité ou de *repo* contingentes. Mais toutes raisonnent à périmètre constant. Or, dans la plupart des scénarios de stress, le choc de liquidité ne concernera pas un assureur isolé, mais l'essentiel du marché qui se retrouve dans la même position. Bien entendu, il n'est nullement question de répondre à cet enjeu par une nouvelle tranche de capital, par un nouveau module de « $SCR_{liquidité}$ ». Ce réflexe quasi pavlovien des autorités prudentielles, qui consiste à inventer une nouvelle charge de capital pour tous les nouveaux risques, n'a pas de sens pour des enjeux structurels de marché. Il convient mieux de mesurer cet impact. Quels seraient les impacts et besoins de « cash » en cas de hausse des taux de 200, 300, ou 500 points de base ? Quelle est la réponse à cette question ? La connaître permettrait aux autorités d'anticiper, et de mettre en place des solutions de place appropriées.

Pour un assureur, la liquidité est à la fois un **actif**, qui lui permet de rechercher une prime sur ses investissements, lorsqu'ils couvrent des passifs longs. Mais c'est aussi un **risque**. Cette ambiguïté peut être à la limite de la schizophrénie et nous avons abordé deux stratégies totalement opposées jusqu'à présent : une stratégie d'investissements destinée à monétiser la prime d'illiquidité des passifs et une stratégie de protection destinée à couvrir des scénarios de pointe et de stress majeur sur la liquidité. Pourtant, cette ambivalence illustre parfaitement la complexité du marché de l'assurance. Une stratégie efficace en général peut devenir contre-productive dans les scénarios de crise. Et c'est bien le cœur du problème auquel les directions générales des assureurs sont confrontées : ils doivent rendre des comptes à leurs actionnaires, tous les jours. Et pourtant, une grosse partie de leur exploitation est conditionnée par la façon dont ils pourraient répondre à des scénarios très improbables. Sous Solvabilité 2, ces scénarios ont une probabilité de 0,5 %. Nous parlons donc d'événements qui sont censés arriver tous les 200 ans. Sans surprise, les actionnaires seront plus concernés par les 199 autres années et par la modestie du ROE obtenu…

Au-delà de son intérêt intrinsèque, cette analyse du risque de liquidité est très illustrative du cœur de l'enjeu. La meilleure protection du marché de l'assurance, et des assurés, reste l'**attractivité de ce marché** pour les capitaux. La meilleure sécurité n'est-elle pas de savoir que les investisseurs resteront impliqués dans le secteur de l'assurance, et motivés, même si un événement adverse se produit. Or, cette attractivité peut être remise en cause si le ROE attendu se détériore trop, et notamment si les exigences en capital deviennent non économiques. Comme aurait pu le dire Laffer : « trop d'exigence en capital tue l'assurance ». Le rôle des superviseurs prudentiels est donc compliqué. Leur premier réflexe est toujours d'exiger plus de capital, pour couvrir de façon conservatrice tous les risques, même les plus improbables, même les risques inconnus. C'est commode, mais inefficace. Il y a en effet des scénarios, ou des risques, qui ne peuvent pas être couverts par plus de capital. Nous avons évoqué la question de la liquidité de marché en cas de hausse massive des taux. D'autres exemples existent et ont d'ailleurs été couverts par des solutions *ad hoc* : ainsi, la plupart des pays développés ont mis en place des régimes spécifiques, publics ou avec une garantie publique, pour couvrir les catastrophes naturelles ou les actes de terrorisme (*e.g.* GAREAT [29] en France, TRIA [30] aux États-Unis). Ces pays ont convenu que certains événements, naturels ou de la main de l'homme, pouvaient être tellement sévères que seuls les États seraient alors en mesure de les indemniser. Parce que les États ont le bien commun en tête, parce qu'ils ont un horizon temporel *a priori* infini, et parce qu'ils peuvent lever l'impôt pour se refinancer… On estime que le capital total disponible dans le marché de la réassurance mondiale est autour de 600 milliards de dollars à la mi-2016 (*source* : Aon Benfield). Et on estime qu'un tremblement de terre qui ravagerait Tokyo pourrait faire plus de 1 000 milliards de dollars de dommages. Une bombe sale explosant à New York causerait certainement des dommages

---

29. Gestion de l'Assurance et de la Réassurance des Risques Attentats et Actes de Terrorisme.
30. *Terrorism Risk Insurance Act*.

d'un même ordre de grandeur, en sus du coût psychologique et humain terrible. Le rapprochement de ces deux chiffres est suffisamment explicite.

Ces quelques exemples illustrent que les modifications induites par Solvabilité 2 sont très profondes et diverses. Elles concernent bien sûr la gestion du capital. Mais elles dépassent ce cadre. L'environnement concurrentiel, la dynamique du marché, l'attractivité de ce marché à de nouveaux entrants, les avantages compétitifs des banques et autres *asset managers* en comparaison des assureurs : tout cela est transformé. Et, comme nous l'avons vu, ces modifications vont jusqu'à toucher le profil de liquidité des acteurs, que l'on croyait acquis et stable, justifié par l'inversion du cycle de production qui est à la base de l'assurance. Tout change. Et les acteurs n'ont d'autres choix que de s'adapter, à la fois pour se confronter aux nouvelles règles du jeu. Mais aussi pour continuer à prospérer ! De tous les secteurs industriels, l'assurance demeure celui qui dispose des plus solides perspectives. De nouveaux risques deviennent assurables chaque jour, et le besoin de protection ne fait et ne fera que croître à l'avenir, dans les pays émergents tout comme dans nos vieux pays industrialisés.

L'adaptation de l'industrie face aux nouvelles règles du jeu recouvre plusieurs dimensions. Certains leviers sont en effet à la main des assureurs : leur gestion d'actifs et ALM ; l'accès à de la réassurance, plus ou moins « exotique » ; la modification des caractéristiques des produits proposés, notamment en épargne longue ; l'introduction de nouveaux instruments de capital. Dans tous ces domaines, les assureurs peuvent compter sur de solides innovations des marchés… qu'ils devront analyser et considérer avec précaution… Solvabilité 2 change le référentiel, les métriques de performance et donc les stratégies gagnantes. Mais ces dernières existent bel et bien !

CHAPITRE 3

Quelles solutions pour retrouver la profitabilité et l'efficacité opérationnelle ?

L'innovation financière a parfois eu mauvaise presse. Tout le monde se souvient en effet des *subprimes* et autres instruments de titrisation qui contribuèrent à la fois à disperser en toute opacité certains risques auprès d'investisseurs largement inconscients de ce qu'ils achetaient et à entretenir un aléa moral au niveau du marché immobilier. Comme il y avait des investisseurs pour prendre les risques de mauvaise qualité, la souscription de ces risques, *via* des prêts auprès d'individus très fragiles économiquement, explosa littéralement. Cela entraîna un effet de bulle spéculative sur le marché de l'immobilier résidentiel, bulle qui éclata en aggravant la crise bancaire. Les biens immobiliers étaient, en effet, utilisés comme collatéraux des prêts et la chute de leur valeur vénale causa des pertes massives chez les banques.

Mais comme le dit le vieil adage populaire, il ne faut pas jeter le bébé avec l'eau du bain. Les marchés financiers sont, comme toute organisation humaine, capables du pire comme du meilleur. Ils n'ont rien de magique et leur rôle est de répartir certains risques auprès d'investisseurs mieux à même de les accepter. Ce point est essentiel et permet d'éviter de succomber à toutes les démagogies. Comme nous l'avons vu, un assureur doit disposer de capital pour couvrir des chocs sévères d'une récurrence au moins 1/200 ans. L'assureur doit donc être en mesure d'absorber à la fois la volatilité quotidienne de souscription, mais aussi des événements de faible probabilité et de forte intensité. Ces derniers sont typiquement portés plus efficacement par des réassureurs, en général, car ils disposent d'un effet de diversification mondial et peuvent constituer des portefeuilles complets de risques catastrophiques décorrélés les uns des autres (un tremblement de terre au Japon est *a priori* non corrélé avec une tempête en Europe). De même, certains risques financiers sont plus efficacement portés par des banques ou des investisseurs financiers. On peut penser aux risques de change ou aux risques de taux.

Mais dans un domaine où l'innovation est continue, où des centaines d'acteurs proposent chacun leurs propres solutions, plus ou moins appropriées, le meilleur critère pour discriminer demeure le bon sens. Au-delà de leurs spécificités techniques, quel est le rationnel économique des couvertures ou instruments de transfert de risque ?

3.1. Vers une meilleure gestion ALM de l'allocation d'actifs

C'est la base de la gestion financière d'une société d'assurance et sans doute l'une des parties les plus documentées et analysées. Pourtant, la plupart des assureurs conservent une impasse de duration (*duration gap*) significative entre leurs passifs et leurs actifs, et bien peu ont pris l'habitude de couvrir les risques de convexité (non linéaires) de leur bilan. Pourquoi ? Et comment améliorer l'existant ?

Pourquoi maintenir un *duration gap* ? Il n'y a pas une raison unique, mais des dizaines. Nous avons évoqué la moindre liquidité des marchés obligataires ou de *swaps* au-delà de certaines maturités. Il faut également reconnaître des choix malheureux d'assureurs qui, consciemment, avaient décidé de conserver un tel *duration gap* car ils appréhendaient soit une hausse imminente des taux, soit un *statu quo* avec une courbe des taux plate qui aurait facilité les réinvestissements aux mêmes conditions. Or, en matière financière, on peut avoir des vues, mais il faut aussi se prémunir contre l'adversité, et notamment que les vues ne se réalisent pas... Il est évident qu'au milieu des années 2000, personne n'aurait pu prévoir que le *Bund* allemand serait négatif, ni que la France s'endetterait à 16 points de base (0,16 %) en juillet 2016 à 10 ans, après avoir copieusement augmenté le niveau de sa dette ! Mais à défaut d'être devin, certains acteurs auraient juste pu être prudents en réduisant le *duration gap*, à faible coût à l'époque...

Paradoxalement, la situation actuelle est totalement inversée. Plusieurs assureurs ressentent légitimement l'envie de ne pas augmenter la duration des actifs car 1) les courbes des taux sont plates, donc le *spread* entre le taux 10 ans et le taux 30 ans par exemple est très faible (et ne rémunère sans doute pas le risque additionnel) et 2) les taux ayant malgré tout plus de chance d'augmenter que de baisser, mieux vaut se mettre dans les meilleures dispositions pour profiter d'un tel scénario. Là encore, il n'y a pas de vérité unique. Solvabilité 2 pénalise les impasses de duration et oblige les assureurs à apporter du capital pour absorber des chocs de taux. Donc des assureurs peuvent très bien procéder à cet arbitrage : monétiser une vue sur l'évolution des taux et, en attendant, mettre plus de capital sur la table pour éponger les pertes au cas où cette vue ne se réalise pas. Mais il faudra bel et bien mettre du capital...

Concernant les risques de convexité (non linéaires ou de deuxième ordre), la problématique est différente. Comme nous l'avons vu, les passifs d'assurance regorgent de garanties et d'options plus ou moins cachées. Pendant des années, ces options ne « coûtaient » pas cher aux assureurs. Après tout, garantir 3 % de rendement par an lorsque les taux sans risques étaient à 4 % ou 5 %, ce n'était pas déraisonnable. Évidemment, les choses ont changé, et non seulement de telles garanties sont aujourd'hui largement « dans la monnaie », mais elles doivent être valorisées au bilan des assureurs, et donc être couvertes par des produits dérivés ou être adossées à du capital (notamment pour leur valeur temps [31]).

Jusqu'à aujourd'hui, et à quelques exceptions près (acteurs sophistiqués, assureurs scandinaves, néerlandais et britanniques qui étaient plus actifs sur les produits dérivés), les stratégies de couverture par des produits dérivés sont restées sommaires, pour ne pas dire primitives.

- *Couvrir le risque de rachats anticipés*

En cas de hausse des taux, des assurés pourraient rationnellement choisir de racheter leurs polices pour réinvestir ces sommes dans des contrats plus rémunérateurs. Du fait de l'hystérésis de leurs investissements, les assureurs auraient du mal à répercuter immédiatement et totalement cette hausse dans les taux servis aux assurés, poussant ces derniers à chercher fortune ailleurs. Dans ces conditions, et à défaut de pénalités de rachats (telles qu'il en existe dans certains pays) ou de rachats anticipés ajustés des conditions de marché (*idem*), les assureurs devront vendre des titres en moins-values latentes pour honorer ces sorties. Afin de neutraliser les pertes induites, les assureurs ont le choix entre plusieurs stratégies d'investissements ou de couvertures. Ils peuvent choisir de maintenir un volant important de liquidités (*cash* ou comptes à vue). Mais sans surprise, ce n'est que rarement l'option principale dans la mesure où cela pèse sur la rémunération des actifs, déjà sous pression. Ils peuvent choisir d'investir une petite partie de leurs actifs dans des supports à taux variables, par exemple payant un taux CMS (*Constant Maturity Swap*) ou Euribor + *spread* (comme des prêts par exemple, ou des obligations à taux variables). Ils peuvent alternativement souscrire des produits dérivés qui leur paieront des sommes données en cas de hausse des taux. Cela peut être des *swaptions* (payeurs de taux fixes et receveurs de taux variables), des *Caps CMS*, des *Caps Spreads CMS* ou des *duration-adjusted Caps* (ces derniers instruments reproduisant le profil convexe des *swaptions* en ajustant, comme leur nom l'indique, le *pay-off* des *caps* par un facteur décroissant avec le niveau des taux).

---

31. La valeur d'une option comprend en effet : une valeur intrinsèque (c'est-à-dire la différence entre le niveau du sous-jacent et du *strike*), mais également une valeur temps, qui tient au fait que cette valeur intrinsèque peut évoluer dans le temps qui reste jusqu'à expiration de l'option ; et d'autant plus que le sous-jacent est volatile.

Mais au-delà de ces stratégies de couvertures « simples », d'autres solutions existent, utilisant notamment des profils « hybrides » taux/actions. Leur rationnel est simple et a été évoqué précédemment : les assureurs qui disposent de positions en actions dans leur bilan ne sont pas exposés simplement à la hausse des taux. Ils sont exposés en réalité à la situation adverse de hausse des taux **concomitante** d'une baisse ou d'une stagnation des actions. En effet, si les actions performent, les assureurs pourront toujours réaliser les plus-values sur les actions au lieu de liquider en moins-values les obligations pour régler les rachats anticipés[32]. Partant de ce constat, il est alors possible de structurer des produits dérivés simples, qui paieront dans ce cas de figure adverse, et qui ont le principal intérêt de coûter beaucoup moins cher que les produits de taux vanilles (de 20 % à 60 % moins cher, suivant les calibrations). En ces temps où chaque point de base de revenu est précieux, toutes les économies sont bonnes à prendre, et d'autant plus lorsqu'elles ne se font pas au détriment d'une protection économique et ALM de haut niveau ! Le Graphique 15 illustre ce profil de risques hybride taux/action.

Graphique 15 – **Protection ALM et profils de risques taux/action**

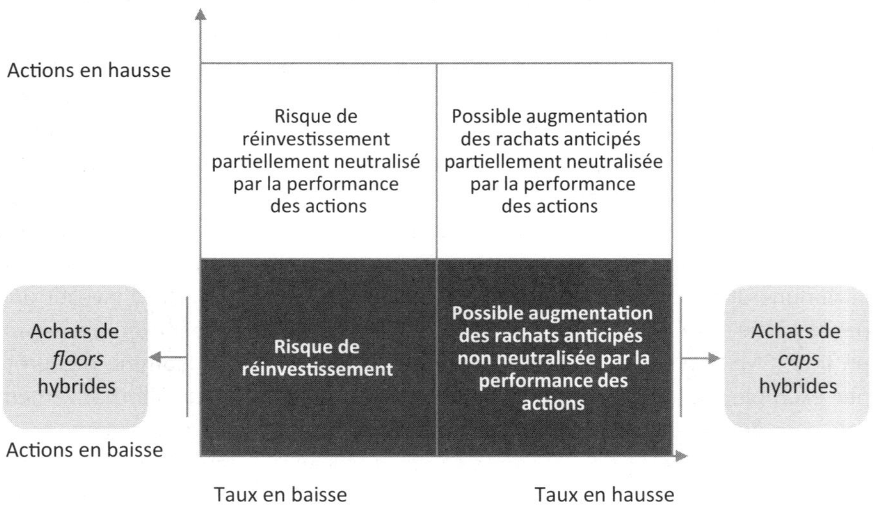

- *Couvrir les taux garantis*

Le risque de convexité à la baisse des taux est, comparativement, beaucoup plus important et préoccupant. Et d'autant plus, nous l'avons vu, que les niveaux

32. Cette analyse est purement économique et il convient de prendre en compte des questions comptables (e.g. réserve de capitalisation en France, etc.)

de ces garanties sont élevés dans les *back-books* (et parfois dans les nouvelles souscriptions !), et que les *duration gaps* ont été importants, accélérant d'autant le risque de réinvestissement aux conditions dégradées actuelles ou prévisibles à court terme. En effet, les assureurs ne sont pas égaux devant les taux. Des acteurs prévoyants avaient acheté des protections, sous forme de *swaptions* (receveuses de taux fixes) ou de *Floors CMS* ou *Floor Spread CMS*. Ils s'en félicitent aujourd'hui en disposant d'un complément de rémunération bien appréciable. D'autres ont eu le nez moins creux, en ne se protégeant pas et, parfois, en achetant des obligations dites *callable*, espérant y trouver un complément de revenu. Ces obligations paient en effet un taux bonifié par rapport à des obligations vanilles des mêmes émetteurs, mais peuvent être rachetées par les émetteurs de façon anticipée (au pair), suivant un calendrier donné (par exemple après 5 ans ou 10 ans de durée). Or, avec les taux d'intérêt en chute libre, les émetteurs peuvent trouver un intérêt à les racheter ; ce qui, hélas, est très pro-cyclique pour les assureurs concernés, qui voient s'accélérer le risque de réinvestissement et la duration de leurs actifs baisser au plus mauvais moment.

Ces débats illustrent malheureusement une dure réalité : il n'existe pas de produit dérivé magique qui permette de couvrir à moindre coût ces garanties une fois qu'elles sont dans la monnaie. La seule solution efficace reste alors de tenter d'augmenter la rémunération des actifs, *via* des stratégies d'investissements plus risquées, et plus consommatrices en fonds propres. Quelques chiffres illustreront ce dernier point : en 2011, le taux de l'OAT [33] était en moyenne de 3 % sur l'année (2,5 % au plus bas avec une pointe à 4 % en novembre). Un assureur pouvait donc disposer d'une rémunération de 3 % en immobilisant un minimum de capital (les OAT françaises étant dispensées de SCR sur le risque de *spread*). En juillet 2016, pour atteindre le même niveau de coupon, il faut tomber dans le *High-Yield* (*iTraxx Crossover* à 5 ans par exemple), lequel nécessitera d'immobiliser plus de 20 % de capital au titre du risque de *spread* (hors effets de diversification avec les autres actifs et hors risque de taux). En moins de 5 ans, pour viser le même niveau de rémunération brute, et toutes choses égales par ailleurs, un assureur a donc dû augmenter massivement son profil de risques et le capital réglementaire associé.

Savoir monétiser la prime d'illiquidité de certaines classes d'actifs

Plus de rendement nécessite plus de risques. Cette réalité est aussi vieille que la finance, et se vérifie toujours. Elle admet néanmoins deux nuances. La première est liée aux publications séminales d'Harry Markowitz, prix Nobel d'économie en

33. Obligation Assimilable du Trésor : principal instrument de dette publique française.

1990 et inventeur de la théorie de portefeuille, qui porte désormais son nom. Markowitz a en effet démontré que la **diversification** entre classes d'actifs était la meilleure protection et permettait d'augmenter le rendement du portefeuille à iso-risques (et donc à iso-capital, si on raisonne sur un modèle de capital économique sans biais). Cet effet de diversification entre actifs est très important sous Solvabilité 2, et permet (chiffres du QIS5[34]) de réduire de près de 30 % le capital alloué aux risques de marché.

Graphique 16 – **SCR marché – moyenne de l'UE (QIS5, 2010)**

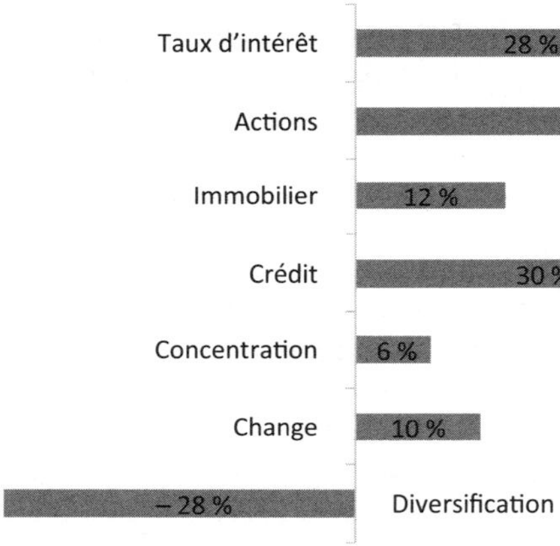

Source : EIOPA.

Le vieil adage qui dit qu'il ne faut pas mettre tous ses œufs dans le même panier se vérifie empiriquement, et la diversification est même encouragée par Solvabilité 2, au travers des matrices de corrélation entre actifs. Bien sûr, des acteurs ont pu noter que certains facteurs dans la matrice de la formule standard (rappelée ci-dessous) étaient particulièrement conservateurs, comme nous l'avons déjà évoqué. Les législateurs ne l'ont d'ailleurs pas nié, mais ont légitimement rappelé que ces matrices devaient tenir compte des phénomènes de « tail dependency ». En termes profanes, cela signifie que la corrélation entre actifs n'est pas figée, mais est au contraire dynamique… et qu'elle a souvent tendance à converger vers 1, pour les actifs risqués, en période de stress important. Certains épisodes récents de crise financière l'ont parfaitement démontré…

---

34. Voir publication de l'ACPR en France, datée de mars 2011, « Analyses et Synthèses : Solvabilité 2 : principaux enseignements de la cinquième étude quantitative d'impact (QIS5) ».

Une autre méthode éprouvée pour augmenter le rendement des actifs est de chercher à monétiser la **prime d'illiquidité** qui existe sur certains placements. Tous les investisseurs rationnels ont une préférence pour des actifs liquides. Cela permet notamment de réviser plus rapidement, et à moindre coût, l'allocation d'un portefeuille, d'être plus opportuniste et de faire face à des imprévus. Mais le corollaire de cela est que, pour des acteurs qui ont des horizons plus dégagés, des opportunités intéressantes existent. Plusieurs classes d'actifs présentent des primes d'illiquidité plus ou moins bien rémunérées.

- Le **crédit** : les obligations privées ne sont pas toujours totalement liquides. En fait, leur liquidité moyenne a considérablement baissé au cours des dernières années du fait essentiellement des modifications de la réglementation bancaire (Bâle 3) qui, en rendant beaucoup plus onéreux l'inventaire de telles obligations pour les *desks* de *trading* de crédit, a réduit le rôle de *market maker* de ces banques. L'analyse critique d'une telle décision sort largement du cadre de cet ouvrage, mais il convient néanmoins de noter que, en matière de réglementation financière, le mieux est parfois l'ennemi du bien... Il est toujours difficile d'isoler, pour une obligation privée donnée, la prime d'illiquidité au sein du *spread* brut. Mais des travaux ont permis de montrer que cette dernière contribue certainement pour près des deux tiers, en moyenne, au *spread*. Le complément est la prime de risque intrinsèque, c'est-à-dire l'espérance de perte. Il n'est alors pas surprenant que le législateur ait retenu le chiffre de 65 % du *spread* pour la calibration de l'ajustement de volatilité, comme nous l'avons évoqué précédemment. Mais, alors que les *spreads* de crédit sont, à l'été 2016, proches des plus bas historiques (moyenne sur un an de l'*iTraxx Main* : 77 bps ; *Senior Financials* 5 ans : 88 bps...), 65 % de tels *spreads*, cela reste modeste.
- Les **prêts** : cette classe d'actifs est très dynamique en Europe, qu'il s'agisse des prêts hypothécaires (*mortgages*) ou des prêts commerciaux. L'intérêt n'est toutefois pas nouveau car, dans certains pays, la part des prêts dans les portefeuilles d'actifs est considérable, par exemple au Danemark, aux Pays-Bas ou à l'Allemagne. Au Danemark et aux Pays-Bas, les assureurs sont même des acteurs majeurs de l'origination primaire des prêts immobiliers, et concurrencent directement les banques sur ce segment. Dans la plupart des autres pays, pour des raisons opérationnelles, historiques ou légales (monopole bancaire par exemple en France), les assureurs doivent acquérir les prêts auprès de banques. Les banques commerciales ont d'ailleurs considérablement accru leurs cessions de prêts, *via* la mise en place du *business model originate to distribute*. Les prêts immobiliers sont doublement avantageux pour les assureurs dans la mesure où ils proposent encore de **solides *spreads*** (entre 100 et 200 points de base le plus souvent), des **sécurités** (*via* des hypothèques

sur les biens immobiliers, le plus souvent avec des *Loan to Value* inférieurs à 70 %). Par ailleurs, le traitement des prêts immobiliers sous Solvabilité 2 est particulièrement favorable. Dans la formule standard, en effet, les prêts hypothécaires ne sont pas pris en compte dans le module du risque de **marché** (*spread*), mais dans celui du risque de **contrepartie**, qui non seulement est moins pénalisant, mais dispose, en plus, d'une plus forte diversification avec les autres modules (25 % de corrélation avec le module de risque de marché). Il faut toutefois prendre garde à l'effet de mode, et la souscription de prêts reste ardue pour les sociétés d'assurance. L'analyse du risque est complexe et, si les acteurs peuvent s'appuyer sur l'expertise des banques originatrices, elles ne peuvent faire l'économie d'analyses de crédit internes. Les questions de systèmes d'information sont également à prendre en considération car, par construction, les portefeuilles contiennent des centaines ou des milliers de lignes. Les actifs ne sont pas totalement « vanilles » non plus et, le plus souvent, contiennent des options de taux, *via* notamment la capacité des particuliers à renégocier ou racheter de façon anticipée les prêts lorsque les taux baissent. Cette optionalité n'est d'ailleurs pas différente de celle déjà présente dans les bilans des assureurs aux passifs, ce qui ajoute potentiellement au risque de taux.

- Les **infrastructures** : les prêts finançant les infrastructures sont également très recherchés par les assureurs, qui y trouvent là encore une solide prime d'illiquidité (entre 120 et 300 bps pour des dettes non notées de profil *investment grade* et entre 300 et 600 bps pour des profils *sub-investment grade*, d'après le gérant d'actifs Schroders), mais également – parfois – une indexation à l'inflation qui permet de neutraliser certains risques de passif, notamment pour les contrats d'épargne retraite. Cet intérêt a d'ailleurs été reconnu par le législateur qui, le 30 septembre 2015, a introduit un amendement aux Actes délégués de Solvabilité 2 en réduisant significativement – par un facteur de 25 % à 30 % – les chargements en capital associés à cette classe d'actif, lorsqu'ils remplissent certaines caractéristiques[35]. Les investissements dans les parts « equity » des infrastructures sont désormais chargés à 30 % au lieu de 49 %, et les chargements liés aux investissements dans les parts « dette » ont été réduits de façon similaire. Les dettes *non rated* d'infrastructures sont traitées comme des obligations BBB de duration identique. Le défaut majeur des infrastructures n'est toutefois pas à chercher dans le traitement réglementaire, mais dans la disponibilité des investissements. En effet, malgré les discours politiques très ambitieux, malgré le plan « Juncker » visant à financer 315 milliards d'euros de nouvelles infrastructures en Europe dans

35. La réglementation a introduit la notion de société de « projet d'infrastructure ».

les prochaines années, il faut reconnaître que les projets sont rares, et que la compétition est féroce entre les investisseurs, tirant les *spreads* à la baisse. Et là encore, il convient de rappeler qu'investir dans des projets d'infrastructures ne s'improvise pas et nécessite de solides compétences en analyse de crédit, dont tous les assureurs ne disposent pas. Ils investissent donc le plus souvent *via* des fonds spécialisés, mais la sélection et le suivi de ces fonds nécessite également des compétences pointues.

- Le ***private equity*** : cette classe d'actifs est un peu l'archétype de l'investissement illiquide. Et les performances moyennes des fonds, certes inégales, restent attractives (plus de 10 % d'IRR [36]). En ces temps de vaches maigres, de tels rendements sont totalement inespérés, et sont peut-être soutenables. En effet, les bouleversements économiques accélèrent les cycles, et les transactions de déconsolidation ou de ventes de filiales « non stratégiques » parmi les grands groupes. Ces entreprises sont typiquement les cibles des fonds de *private equity*, qui peuvent par ailleurs trouver des financements très bon marché qui augmentent, par simple effet de levier, la performance des *limited partners*. Lors de l'introduction de Solvabilité 2, des acteurs du secteur avaient exprimé leurs craintes que la charge punitive en capital (49 % sur les actions non cotées) ne sonne le glas du *private equity*. Mais force est de constater qu'il n'est en rien, et, qu'au contraire, si dans certains pays les portefeuilles d'actions ont été réduits, le non coté tient toujours la cote ! On voit même des assureurs augmenter l'allocation – de façon raisonnable – et les pouvoirs publics plutôt indulgents et favorables. Il est loin le temps où ces mêmes pouvoirs publics agitaient l'épouvantail des « barbarians at the gate [37] ». Aujourd'hui, toutes les initiatives qui permettent de soutenir et d'accompagner le développement des PME sont bonnes à prendre. Et la réalité, telle qu'elle transparaît de certaines études sur le secteur, est que les fonds de *private equity* ont eu un impact favorable sur le tissu économique et l'emploi dans les entreprises qu'ils ont contrôlées.

D'autres solutions de monétisation des primes d'illiquidité (ou de *liquidité*) ont été développées par le secteur bancaire et se sont parfois rapidement imposées parmi les assureurs.

- Le **financement sécurisé (*secured funding*)** : cette « classe d'actif » n'est pas nouvelle, mais elle a connu un essor certain depuis le début de la décennie 2010. L'idée est simple : certains actifs, tels les obligations souveraines par exemple, disposent d'une valeur « cachée », en ce qu'ils peuvent aisément être

---

36. *Internal Rate of Return*.
37. Titre d'un livre paru en 1989 qui faisait la chronique du LBO (*Leveraged buy out*) sur RJR Nabisco par des fonds de *Private Equity* (PE).

refinancés par les banques centrales dans des opérations de *repo* (*repurchase agreement*). Cette prime de liquidité n'est toutefois pas directement accessible aux assureurs (ou aux fonds de pension) car ces derniers, malgré un certain *lobbying* post-crise, n'ont pas directement accès aux guichets des banques centrales. Dans ces conditions, des banques commerciales ont proposé les transactions suivantes : elles entrent avec des sociétés d'assurance dans des opérations de *repo* à terme de certains titres obligataires publics (et parfois certains titres obligataires privés de bonne qualité, au moins *Investment Grade*). Le *cash* levé dans ces opérations de *repo* sert de façon simultanée à financer – à terme – des actifs moins liquides (obligations *High-Yield*, *Asset-Backed Securities* (ABS)[38]...) soit directement au niveau de la banque arrangeuse, soit auprès d'une autre banque. Les actifs « illiquides » en question servent alors de collatéral auprès de l'assurance, qui reçoit en sus une prime en rémunération du risque qu'elle prend, qui peut atteindre plusieurs dizaines de points de base annuels. Économiquement, la transaction (*repo* + *reverse repo*) se résume, pour l'assureur, en une position de créance sécurisée (par les actifs « illiquides » ou moins liquides que ceux dont il disposait initialement) auprès de la banque contrepartie. Elle apporte deux bénéfices significatifs. Le premier est au niveau de la rémunération : alors que les titres publics ont vu leur rémunération chuter à l'été 2016 (OAT à 10 ans inférieur à 30 points de base, *Bund* négatif), disposer de 30 ou 50 points de base devient inestimable... Et cette rémunération avantageuse est obtenue – deuxième avantage – en contrepartie d'une transaction économiquement peu risquée. En effet, l'assureur dispose d'une double sécurité : il a une créance *senior* sur la banque arrangeuse et il bénéficie d'un collatéral (les titres illiquides) en cas de défaut de la banque. Sous Solvabilité 2, une telle transaction tombe en général dans le module du risque de **contrepartie**, moins pénalisant que celui du risque de marché, et permet donc de ne mobiliser qu'une quantité très raisonnable de capital lorsque la banque arrangeuse est bien notée (quelques points de SCR). Au fil des ans, plusieurs milliards de nominal de telles transactions ont été réalisés, au point que cette transaction, pour certains acteurs sophistiqués, est devenue une *commodité* standardisée. Certains régulateurs ont émis des avis mitigés, mais, dans l'ensemble, les transactions de financement sécurisé renvoient aux fondements même de la finance : permettre à des acteurs disposant d'un excès de liquidités (les assureurs, par construction, et grâce à l'inversion du cycle de production qui est à la base de leur *business model*) d'apporter cette liquidité à d'autres acteurs qui en ont besoin pour financer à terme des actifs.

---

38. Titre adossé à des actifs.

Hourra pour les actions et les alternatifs… avec des protections !

Alors que les taux d'intérêt sont aux plus bas historiques et que les *spreads* de crédit sont faibles également, les actions restent une classe d'actifs attractive… en termes de performance. Les niveaux de dividendes sont supérieurs à 3 % en Europe et demeurent solides aux États-Unis[39] pour les grands groupes ; chiffre qui se compare très favorablement au niveau des taux sans risques. Et les performances de marché des actions ont également été positives au cours des dernières années, accompagnant (et parfois anticipant) la reprise économique, le rebond des *Earnings per Share* et la bonne tenue des grands groupes. Ainsi, la performance sur 5 ans de l'indice boursier Eurostoxx 600 fut de plus de 30 % (à fin 2016). Ces résultats ne sont pas surprenants : par construction, les actions sont une créance sur l'économie marchande qui, malgré le contexte international tendu, l'atterrissage de la Chine et la sortie de crise assez molle dans certains pays, continue à croître. Mais si les investisseurs peuvent espérer une prime substantielle en conservant des actions, ils doivent être en mesure d'absorber l'importante volatilité de cette classe d'actifs (entre 12 % et 20 % par an), ainsi que les *drawdowns* qui peuvent advenir, de temps en temps (et entraîner des *impairments* comptables). Ces questions de valorisation en *mark-to-market* sont fondamentales pour les investisseurs institutionnels – nous l'avons vu –, que ce soit en raison des effets attendus sur la couverture des fonds propres, ou au niveau des dépréciations qui doivent être reconnues en IFRS lorsque les titres perdent plus de 30 % par exemple. Cette volatilité se traduit également par la charge en capital significative que les assureurs doivent conserver en face des positions en actions : **39 %** du nominal pour les actions les plus liquides et jusqu'à **49 %** pour les titres moins liquides. Ces chiffres sont modulés par un ajusteur de cycle de plus ou moins 10 %, en fonction du niveau des indices boursiers comparés à leur moyenne mobile sur 3 ans. Ce *dampener* avait été introduit dans la formule standard de Solvabilité 2 afin de réduire la pro-cyclicité des marchés (les assureurs voyant leur capital augmenter en proportion alors que les actions chutaient, ils auraient été incités à les vendre, accentuant encore le phénomène de baisse, et ainsi de suite).

Pour de nombreux acteurs faiblement capitalisés, ce double impact sur le capital réglementaire et sur la volatilité intrinsèque des actions apparaît quasiment rédhibitoire. Nous avons donc assisté, depuis quelques années, à une baisse régulière des positions en actions chez plusieurs assureurs, notamment aux Pays-Bas, alors même que ces actifs performaient ! Cette situation est-elle irrémédiable et les assureurs sont-ils condamnés à se priver des performances positives des actions, pour cause de capital trop élevé ? On serait tenté de le croire…

39. Les dividendes aux États-Unis sont toutefois inférieurs à ceux pratiqués en Europe. Les entreprises américaines préfèrent, en effet, racheter des actions que payer de gros dividendes.

Mais fort heureusement, des solutions ont été développées pour permettre à ces mêmes assureurs de changer – un peu – les règles du jeu : ces solutions sont celles des **actions protégées**.

Derrière ce terme générique se cachent plusieurs types de stratégies, se distinguant sur deux axes : 1) des solutions **statiques** ou **dynamiques** et 2) des solutions **systématiques** ou **discrétionnaires**. Ces deux axes ne sont pas uniquement des questions de goût ou de philosophie, mais également d'efficacité économique et de traitement réglementaire.

Solutions statiques ou dynamiques ?

Certains assureurs sont, depuis plusieurs années, familiers des protections *equity*, le plus souvent sous la forme de *puts*, *put spreads* ou *collars* de maturité annuelle ou pluriannuelle. Sur les principaux indices boursiers, ces produits sont très liquides et peuvent être traités – et débouclés – rapidement, sans coût significatif, et pour de grosses tailles. Les protections « statiques » sont les instruments de base qui satisfont de nombreux acteurs, sont éprouvés et en général, assez facilement validés par les autorités de supervision comme instrument éligible de transfert de risque (de marché). Ainsi, si la corrélation entre le portefeuille d'actions « couvert » et l'indice boursier servant de sous-jacent aux protections est élevée (typiquement supérieure à 90 %[40]), ces protections serviront à réduire le coût en capital associé aux actions. Un exemple simple permettra d'illustrer cela : imaginons qu'un assureur achète auprès d'une banque un *put* de maturité 1 an et de *strike*/prix d'exercice 80 %. La protection lui permettra de réduire le coût de capital sur le portefeuille « couvert » de 39 % à 20 %, auquel il faudra ajouter une petite augmentation du risque de contrepartie vis-à-vis de la banque. Mais dans l'ensemble, l'économie de capital sera significative. De telles protections statiques sont donc efficaces… mais elles ont un inconvénient majeur : le risque de *timing* de l'exécution.

Cela peut paraître anodin, mais le jour choisi pour entrer dans une telle stratégie de protection – fruit du hasard le plus total pour tout assureur ne disposant pas d'une boule de cristal de bonne qualité – peut influencer la performance de la protection de *plusieurs dizaines de points* ! Nous ne sommes plus dans l'épaisseur du trait et cette incertitude est totalement consubstantielle à la volatilité des marchés. Alors, pour tenter de neutraliser ce risque de *timing*, la principale solution est la suivante : lisser dans le temps l'exécution des protections, c'est-à-dire acheter

40. Notons que Solvabilité 2 reste discret sur la définition quantitative du « risque de base matériel ». Les Actes délégués ne proposent aucun chiffre. Seul un *Consultation Paper* (« *Guidelines on basis risk* » EIOPA-BoS-14/172) évoque le chiffre de 90 % de corrélation entre l'actif à couvrir et l'indice sous-jacent du produit dérivé.

un peu d'instruments chaque jour (ou chaque semaine) au lieu de tout acheter un jour donné. On parle alors de protections **dynamiques**. Cette approche est intrinsèquement plus efficace, comme tous les *back-tests* le montrent. Elle est toutefois plus complexe, et nécessite des infrastructures lourdes pour l'exécution, et notamment celles disponibles au sein de grandes banques d'investissements.

Solutions systématiques ou discrétionnaires ?

Là, en revanche, tout est question de philosophie. Au moins pour ce qui concerne l'efficacité économique car, d'un point de vue réglementaire, la situation est plus claire, on le verra plus bas. Les solutions discrétionnaires sont souvent privilégiées par les *asset managers* ou les gérants d'actifs des sociétés d'assurance, qui y voient – parfois légitimement – une source d'alpha supplémentaire. Les marchés de produits dérivés étant volatils, parfois cycliques, il est possible d'exécuter honorablement certaines transactions, ou de moduler les caractéristiques des protections en fonction des conditions de marché. Ainsi, suivant la *skew* de marché (*i.e.* de l'asymétrie de la courbe de distribution de la volatilité), les assureurs pourront plutôt acheter des *put spreads* (ou des *collars*) au lieu de *puts*. Ils pourront également vendre des *calls* à court terme (*via* des stratégies dites de *covered calls* ou de *call overwrite*). Ces stratégies complémentaires permettent d'augmenter le rendement (les primes reçues à la vente des options), lorsque les *calls* ne sont pas exercés ; ce qui réduit le coût complet de la protection.

Mais, dans le débat sans fin – et sans vainqueur clair – entre stratégies systématiques et stratégies discrétionnaires, il faut tenir compte d'une spécificité de la réglementation Solvabilité 2, et notamment se plonger au chapitre V, section 10 des Actes délégués (plus précisément aux articles 209 et 212). Ces articles listent les conditions complémentaires que doivent respecter les protections financières dynamiques. Par défaut, lorsque les instruments sous-jacents ont une maturité inférieure à 1 an (horizon du calcul du SCR, comme nous l'avons vu), ces protections dynamiques ne sont pas autorisées… sauf si elles respectent deux conditions additionnelles : i) ces protections doivent être **soutenables**, c'est-à-dire que la liquidité des marchés sous-jacents doit être suffisante pour assurer le *roll* dans de bonnes conditions de ces protections ; et cela signifie également qu'il ne doit pas y avoir de conditions de marché spécifiques où l'assureur aurait un intérêt lourd à arrêter le *roll* des protections (par exemple si la volatilité augmente massivement et que les primes à verser pour acheter des *puts* deviennent prohibitives) ; ii) ces protections doivent être… **systématiques** et non discrétionnaires, avec un algorithme de *roll* documenté et respecté… Ainsi, le législateur a choisi son camp…

Bilan : les solutions d'actions protégées sont-elles efficaces ?

C'est finalement la question de fond et la réponse est positive : l'idée n'est pas de faire la publicité de telle ou telle solution, de tel ou tel gérant ou de tel ou tel fonds, mais force est de constater que certaines solutions permettent 1) d'abaisser la volatilité, les *drawdowns* et le **coût en capital de 30 % à 40 %** et 2) de **ne pas peser sur les performances** (et même parfois à **surperformer** les indices boursiers, notamment dans des périodes un peu chahutées). La conclusion s'impose d'elle-même : avec de tels résultats, il serait stupide pour les assureurs de se priver de la performance des actions alors qu'ils peuvent neutraliser les inconvénients, notamment en termes de coût de portage et de volatilité, sans trop dégrader les performances.

Quid *des investissements alternatifs ?*

Les mêmes causes produisant les mêmes effets, le coût de portage sous Solvabilité 2 des investissements alternatifs peut sembler dissuasif. Ainsi, un *hedge fund* « coûte » 49 % de capital, rapporté au nominal, pour les acteurs ne disposant pas d'un modèle interne et devant donc utiliser la formule standard. Et ce, quelle que soit sa volatilité réelle. Ce chargement peut légitimement paraître excessif alors que la volatilité moyenne des stratégies alternatives a considérablement chuté depuis la crise. Ainsi, un *hedge fund* aura plus souvent qu'à son tour une volatilité annuelle de ses performances inférieure à 10 %... et parfois beaucoup moins encore. Pourtant, les *hedge funds* et autres stratégies alternatives comme les *risk premia*, sont attractifs. Par définition, ces solutions sont construites pour apporter de la performance absolue et, en théorie, faire fi des conditions de marché et des cycles. En réalité, nombre de ces stratégies ont des biais « long » de marché, mais, dans l'ensemble, elles permettent de gagner – parfois peu – mais de façon stable et pérenne dans le temps. Il n'est toutefois nullement question pour un assureur d'allouer 20 % de ses actifs dans de telles stratégies, aussi peu risquées soient-elles. Mais ces stratégies décorrélées des marchés traditionnels (taux, crédit, actions) apportent néanmoins de la diversification et permettent de déplacer la frontière efficiente chère à Harry Markowitz.

Alors, comme dans le cas des actions, peut-on disposer des avantages de ces investissements alternatifs tout en réduisant leurs inconvénients, notamment le coût prohibitif en capital ? La réponse est positive. Plusieurs solutions existent, que ce soit *via* des options sur ces stratégies alternatives, ou *via* des stratégies d'allocations dynamiques telles que les CPPI (*Constant Proportion Portfolio Insurance*) ou TIPP (*Time Invariant Portfolio Protection*). Plusieurs *asset managers* et banques d'investissement proposent de telles solutions, parfois avec énormément de succès (*e.g.* fonds GARS[41] de Standard Life par exemple, qui dépasse les 35 milliards d'euros d'actifs).

3.2. Quels changements de l'offre produits

Si les assureurs ne peuvent influer sur les marchés financiers – qui sont une donnée exogène pour eux –, ni changer les règles de Solvabilité 2, ils disposent néanmoins de marges de manœuvre pour optimiser leur exploitation ou leur profitabilité. Nous avons évoqué la gestion d'actifs et ALM où il y a de solides possibilités d'amélioration, malgré le carcan des nouvelles règles prudentielles. Un autre axe demeure de modifier le portefeuille de produits proposés aux assurés, et notamment en se concentrant sur certains produits moins exigeants en capital sous Solvabilité 2 que d'autres. Rien n'est magique cependant et, pour être performant, un assureur doit proposer des produits qui se vendent, et à des conditions tarifaires favorables, lorsque, souvent, d'autres assureurs ont la même idée et sont arrivés aux mêmes conclusions. Le juge de paix reste l'assuré et lui seul validera le choix stratégique de l'assureur de proposer tel produit plutôt que tel autre.

En assurance non-vie (et prévoyance), les marges de manœuvre sont limitées. Les produits de base sont très standardisés, comme pour les assurances auto, MRH ou responsabilité civile. L'innovation n'est pas absente, et, chaque année, de nouveaux produits sont proposés aux assurés, particuliers ou entreprises. On peut citer l'assurance Garantie Accident de la Vie, qui a connu un développement foudroyant, ou les risques *cyber*. Mais ces produits ne sont pas spécifiquement des optimisations sous Solvabilité 2. L'enjeu du mix-produit se situe plutôt au sein des assureurs « vie » et « épargne ». Là, il existe des marges de manœuvre considérables, et certains acteurs ont pu, petit à petit, réduire substantiellement le capital alloué à leur activité ou, symétriquement, améliorer la profitabilité et le rendement sur fonds propres alloués à leur activité. Une telle gageure est obtenue par les assureurs qui ont su trouver un équilibre entre leur intérêt (qui consisterait à laisser les risques aux assurés, *via* par exemple des produits purement en Unités de Compte, ou à Cotisations Définies) et l'intérêt de leurs clients (qui préfèrent les produits à capital garanti et à taux garanti, idéalement élevé, et proposant en sus une participation à la performance positive des marchés) ! Écrit comme cela, les deux *stakeholders* pourraient sembler irréconciliables ; pourtant des solutions existent !

41. *Global Absolute Return Strategies.*

Les Unités de Compte : la martingale pour les assureurs « vie »

Les contrats en Unités de Compte étaient déjà très attractifs sous Solvabilité 1, avec un chargement 4 fois moindre que sur les contrats garantis (dits contrats en euros en France). Cela perdure sous Solvabilité 2. Toutefois, si ces contrats sont très attractifs pour les assureurs – qui ne portent pas les risques de marché (au premier ordre) et touchent des commissions de gestion, le plus souvent assises sur la NAV (*Net Asset Value*) des fonds[42] –, ils ne sont pas nécessairement attractifs pour les assurés. Ces derniers apprécient les performances des marchés, surtout lorsqu'elles sont positives… Il n'est donc pas totalement surprenant de constater que les ventes d'Unités de Compte sont massivement corrélées aux performances des indices boursiers… À la hausse, comme à la baisse…

Les produits à garantie à terme

La garantie à tout moment, typique des solutions d'épargne traditionnelles coûte cher. Il faut en effet que les assureurs disposent, à tout instant, d'un capital suffisant pour absorber un choc de probabilité 0,5 % par an. Mais il est possible de réduire, parfois très significativement, ce niveau de capital en ne proposant plus qu'une garantie à terme (par exemple au bout de 8 ans). Les assureurs commercialisaient déjà des solutions structurées à garanties à terme au sein de la poche UC. Mais, dans de nombreux pays, les législateurs ont scellé les fondations de nouvelles gammes de produits, intermédiaires entre les fonds en euros et les contrats en UC. En France, ces produits sont les **fonds eurocroissance**, introduits dans la Loi de Finance rectificative de 2013. Ces solutions devaient révolutionner le marché français de l'assurance, en créant un véritable troisième pilier de l'épargne, entre fonds en euros et contrats en UC. La réalité est plus complexe car, aussi attractifs soient-ils, ces produits pâtissent du niveau très bas des taux d'intérêt. Ainsi, avec des taux d'intérêt inférieurs à 0,5 %, une garantie en capital à terme de 8 ans coûte cher, autour de 96 % du montant que l'on cherche à garantir. Dans ces conditions, il ne reste plus que 4 points – hors frais – pour investir dans des supports plus dynamiques… Montant bien trop modeste pour proposer des participations significatives aux performances des marchés pour les assurés. Bien sûr, certains contrats eurocroissance disposent de plus de flexibilité, en ne garantissant que des niveaux plus modestes du capital (80 % par exemple), ou en repoussant l'horizon d'investissement (jusqu'à 30 ans). Donc, si l'intention de ces produits est bonne, le *timing* de leur introduction ne l'est pas, et il apparaît clair qu'ils connaîtront

---

42. Ce qui expose les assureurs aux niveaux des marchés *via* ces *Asset Management Commissions*, qui sont par construction très volatiles. Et, sous Solvabilité 2, les assureurs sont exposés également *via* les profits futurs, qui sont un élément de capital Tier 1 éligible pour couvrir le SCR… et qui sont très volatils.

leur essor – mérité – lorsque les taux d'intérêt seront revenus à des niveaux plus raisonnables... À la fin 2015, les fonds eurocroissance représentaient 1,7 milliard d'euros d'encours, contre 1 580 milliards au total investis en assurance vie (chiffres Fédération française des sociétés d'assurance – FFSA [43])...

Les produits hybrides

Derrière ce terme un peu abscons, se cachent des produits proposant des profils de risques différents des contrats classiques en euros ou en Unités de Compte. Ces produits, comme les iCPPI (*individual Constant Proportion Portfolio Insurance*), les contrats DHP (*Dynamic Hybrid Products*) allemands, s'appuient sur des allocations dynamiques entre un actif non risqué ou peu risqué (du *cash* ou des fonds obligataires de courte duration) et un ou des fonds risqués. Ces solutions reposent à la fois sur de l'**ingénierie financière**, mais aussi sur des **systèmes d'information** de haut vol, qui permettent d'individualiser les garanties. Il faut en effet pouvoir gérer des garanties individuelles, par contrat, en fonction du portefeuille de fonds précis que l'assuré a sélectionnés. Lorsqu'il y a un seul client, cela paraît simple. Mais lorsqu'il faut gérer plusieurs dizaines ou plusieurs centaines de milliers de clients différents, et des réallocations quotidiennes, cela pose des problèmes considérables. Ces produits sont donc très tributaires d'infrastructures technologiques et les coûts de gestion sont élevés. De plus, leur complexité les limite à des assurés sophistiqués et à des mises élevées.

Les produits de prévoyance

Ces produits ne sont pas des solutions d'épargne, mais ils sont à l'honneur dans les plans stratégiques des sociétés d'assurance. De maturité plus courte, et ne proposant pas de garanties financières, ces produits sont plus proches, en termes de profil de risques, de l'assurance non-vie. Ils permettent de diversifier les revenus, de les désensibiliser (pour une part) des performances financières. Enfin, ils sont, souvent, très profitables pour les assureurs, avec des ratios de sinistres historiques modestes.

Un bon exemple valant mieux que de longs discours, l'analyse de l'évolution du *business mix* vie et épargne d'AXA est très instructive. Le Graphique 17 permet de tirer deux séries de conclusions, que l'on peut généraliser à la plupart des acteurs du marché vie et épargne européen.

43. La Fédération française de l'assurance (FFA), créée en juillet 2016, réunit au sein d'une seule organisation la Fédération française des sociétés d'assurances (FFSA) et le Groupement des entreprises mutuelles d'assurance (GEMA).

Constat 1 En termes de souscription, le *business mix* d'AXA a évolué vers les Unités de Compte et les produits de protection et prévoyance, au détriment des fonds garantis « traditionnels ». Pour AXA, ce mouvement se traduit par une augmentation de 7 points en 5 ans de la part des Unités de Compte dans la souscription annuelle (en norme *Annual Premium Equivalent*[44]), et par la croissance de 5 points, de 31 % à 36 % des produits de protection et prévoyance. Ces croissances se sont faites au détriment des fonds en euros (ou équivalents) qui ont chuté, en proportion, de près de 12 points en 5 ans !

Constat 2 Les marges sur primes nouvelles ont néanmoins augmenté substantiellement sur toutes les lignes de produits, y compris sur les fonds en euros ou équivalents. Ce redressement de la profitabilité de souscription a été spectaculaire pour les fonds euros, avec une marge passant de 1 % à 19 % ! Une telle progression s'explique par des améliorations de la productivité, des réductions de coûts et de l'optimisation opérationnelle. Mais elle s'explique également par l'emploi plus systématique des pistes d'amélioration de la gestion d'actifs et ALM proposées précédemment.

44. Calculé en prenant la valeur des primes régulières et 10 % des primes uniques émises dans une année fiscale donnée.

Graphique 17 – **Évolution du *business mix* vie et épargne d'AXA entre 2010 et 2015**

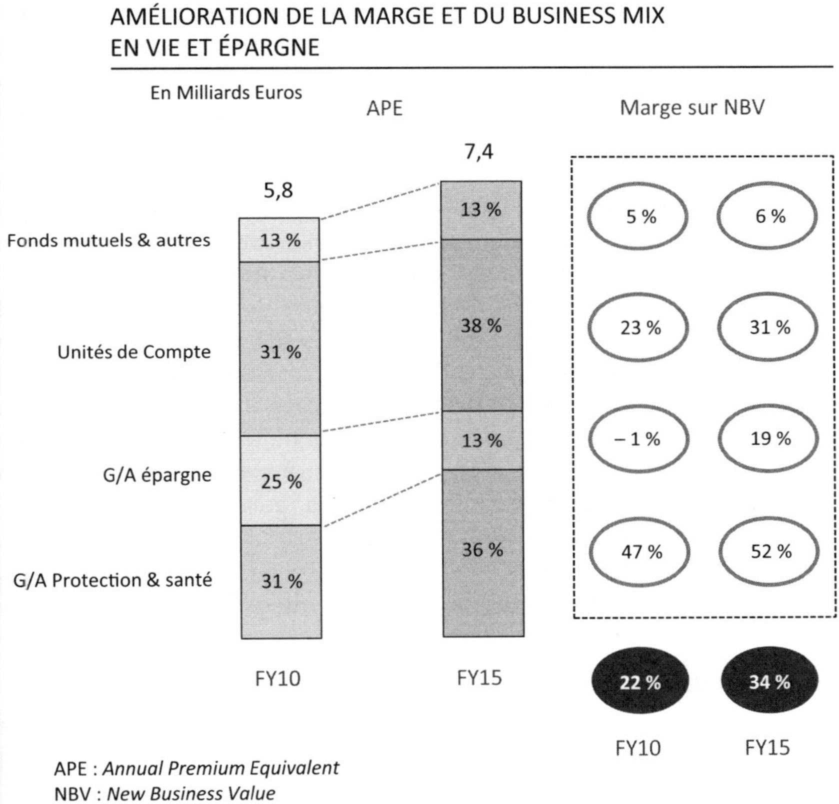

Source : Présentation des comptes annuels, AXA, 2015 (traduction de l'auteur).

L'exemple d'AXA montre que, dans la situation adverse que connaît le marché de l'assurance, associant changements réglementaires, environnement de taux historiquement bas et incertitudes macroéconomiques, il est possible de prospérer. La gestion financière et ALM est un axe majeur d'amélioration opérationnelle et, comme évoqué, certains produits moins pénalisés en capital – tout en restant attractifs pour les assurés – peuvent également être privilégiés dans les efforts commerciaux. Mais un dernier axe d'amélioration considérable tient à une gestion fine et efficace du capital.

3.3. Solutions d'optimisation du capital

Une fois qu'un assureur a établi avec professionnalisme son profil de risques ainsi que son appétit au risque, il peut définir ses ratios de solvabilité cibles et les gérer dynamiquement. Ces ratios, dont le ratio de solvabilité (capital disponible divisé par capital requis), peuvent être améliorés soit en **réduisant le capital requis** (par exemple le *Solvency Capital Requirement*), soit en **augmentant le capital disponible**. Pour réduire le capital requis, deux solutions sont à disposition des assureurs : 1) couvrir des risques financiers à l'actif *via* des produits ou stratégies dérivées (ou simplement amender la stratégie d'allocation d'actifs pour prendre moins de risques, mais, dans ce cas, cela se traduit aussi par une baisse de la rentabilité), ou 2) transférer des risques techniques de passif *via* des contrats de réassurance (ou amender la stratégie de souscription pour prendre moins de risques). Pour augmenter le capital disponible, un assureur dispose là encore de plusieurs solutions : il peut souscrire de nouvelles actions (pour les sociétés non mutualistes), des bons mutualistes (pour les mutuelles) ; il peut émettre des dettes subordonnées (Tier 2 ou Tier 3, jusqu'à concurrence des plafonds prévus par la réglementation et par les agences de *rating*), ou il peut lancer des produits de **capital contingent**. Nous étudierons plus loin ces nouvelles solutions de capital contingent qui, nous le verrons, font l'objet d'un intérêt particulier sous Solvabilité 2. Mais plongeons-nous sans plus attendre dans les solutions de transfert de risques (financiers ou techniques).

Le meilleur test pour mesurer l'intérêt d'une solution de transfert de risque ou de couverture demeure d'interroger sa nature économique. Les opérations de *window-dressing* sont bien sûr suspectes et, en général, assez mal accueillies par les régulateurs. Ces derniers tiennent à l'analyse dite *substance over form*, c'est-à-dire qu'ils privilégient légitimement la nature économique du transfert de risque (ou non) sur la qualification juridique d'un instrument. En effet, un contrat de réassurance peut très bien ne pas s'accompagner de réel transfert de risque, ou entraîner un transfert de risque mineur/peu significatif (*e.g.* contrats dits *finite*). De même, un produit dérivé peut ne pas résister à des tests d'efficacité, notamment à cause de clauses juridiques qui en limitent le champ d'application (clauses d'exclusion par exemple) ou à cause d'un risque de base trop important et mal mesuré entre l'indice sous-jacent du produit dérivé et le risque financier réel au bilan de la société d'assurance.

3.3.1. Solutions financières

Avec plus de 60 % du Basic SCR (post-diversification) liés aux risques de marché, l'importance des couvertures financières n'est plus à souligner. Le graphique 22 reprend en effet les chiffres issus du QIS5 pour le marché français. Les chiffres ont certainement légèrement évolué depuis lors, mais les conclusions restent semblables. Alors que sous Solvabilité 1, 100 % du capital était lié aux risques de souscription, sous Solvabilité 2, entre la moitié et les trois-quarts du capital sont liés aux risques de marché ! Et c'est sans compter l'effet de valorisation en *mark-to-market* qui, nous l'avons vu au premier chapitre, s'accompagne d'une volatilité accrue du bilan, et notamment de la situation nette comptable (c'est-à-dire des fonds propres).

Graphique 18 – **Décomposition du Basic SCR en %, marché français, post-diversification**

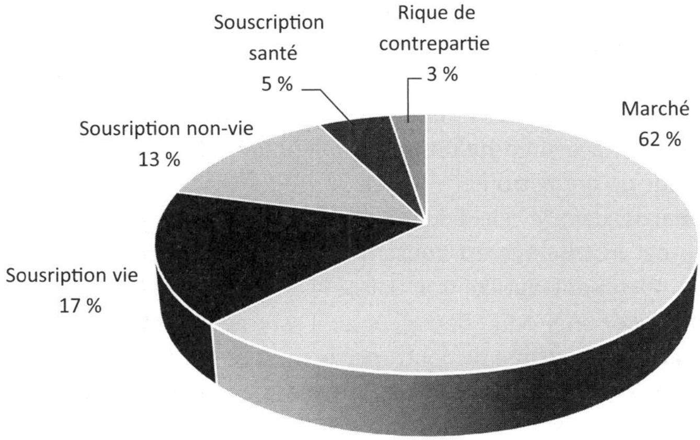

Source : QIS5, résultats publiés par l'ACPR.

Dans ces conditions, l'utilisation des produits dérivés et autres couvertures financières s'est développée, se concentrant notamment sur les poches d'actifs les plus **onéreuses** à porter (*e.g.* les actions), les plus **stratégiques** (*e.g.* les risques de taux) ou celles pour lesquelles les protections sont les plus **flexibles**, **liquides** et accessibles (*e.g.* le risque de change ou la volatilité taux, ainsi que les risques actions).

Le législateur a pris acte du rôle croissant de ces instruments et a précisé les règles de base pour qu'ils soient considérés comme éligibles à la réglementation.

Ces règles sont énumérées dans la section 10 des Actes délégués. L'idée de cet ouvrage n'est certainement pas de les reprendre en détail, mais il est intéressant d'en rappeler quelques éléments de fond, qui sont essentiellement de bon sens.

- ***Les instruments doivent être juridiquement implémentables et exécutables*** : cela semble la moindre des choses, mais, comme dit le vieil adage, « cela va sans dire, mais cela va mieux en le disant ».
- ***Les instruments doivent disposer d'une maturité au moins égale à un an, sans quoi leur effet est au mieux* prorata temporis** : il y a certainement une part d'arbitraire dans cet horizon d'un an, notamment pour des assureurs qui souscrivent des risques longs. Mais ce point, que nous avons déjà soulevé, s'explique par l'horizon d'un an dans le calcul du SCR. Notons que les stratégies qui ont une maturité inférieure peuvent toutefois être prises en compte pour leur notionnel total si elles suivent des processus systématiques, documentés et « soutenables » (cf. *supra*). Sinon, elles le sont *prorata temporis a priori*.
- ***Les contreparties des contrats financiers doivent être des entités régulées, de* rating *suffisant*** : là encore, il est difficile de critiquer ce point de bon sens. Un instrument de transfert de risque crée par construction un risque de contrepartie. Il convient en effet que la contrepartie au contrat soit en mesure de l'honorer, sans quoi l'instrument dérivé est parfaitement inutile… Le législateur a estimé qu'un *rating* minimum BBB était nécessaire. Notons également qu'un instrument dérivé se traduit par une couche de **risque de contrepartie**, dans le calcul du SCR (module de risque de contrepartie), même lorsque cet instrument est souscrit dans le cadre d'un CSA (*Credit Support Annex* : document qui contractualise la gestion des appels de marge et du collatéral pour un produit dérivé) et qu'il est totalement collatéralisé. En effet, non seulement le risque de contrepartie mesure la **perte pécuniaire** en cas de défaut de la contrepartie, mais également la **perte du bénéfice de réduction du SCR** que le contrat financier entraînait.
- ***Le risque de base entre l'instrument financier et l'actif sous-jacent doit être limité*** : ce point est important dans la mesure où la plupart des instruments dérivés référencent des indices liquides. Dans ces conditions, les assureurs se retrouvent souvent à couvrir, par exemple, des portefeuilles d'actions diversifiées par des *puts* indexés sur l'Eurostoxx ou l'indice S&P 500. Ils doivent couvrir des risques de rachats anticipés en traitant des *swaptions* ou des *caps CMS*, ou encore couvrir les risques d'inflation inclus dans leurs provisions techniques longues (garantie décennale, responsabilité civile) *via* des produits indexés sur le CPI (*Consumer Price Index*) lorsque cette inflation sous-jacente est plus proche de la dérive des coûts de traitement, de personnels d'accompagnement ou de matériels de construction. Le législateur

n'a toutefois pas précisé ce que ce risque de base devait être, laissant une certaine marge d'interprétation aux assureurs et aux superviseurs. Notons toutefois que l'EIOPA avait publié un document de cadrage en 2014 sur le risque de base, intitulé « *Guidelines on basis risk* » (EIOPA-BoS-14/172). Le chiffre de 90 % de corrélation y était proposé.

Ces règles fixent le cadre des contrats de couverture financière. Mais le cœur de ces stratégies tient à leur efficacité économique, c'est-à-dire à leur bilan **coût/efficacité**. Il n'est pas toujours si aisé de mesurer ce bilan de façon univoque. Mais deux points peuvent toutefois être étudiés :

- Le ***capital libéré par rapport au coût de l'instrument***. Il s'agit du test d'efficacité le plus simple et le plus immédiat. En imaginant qu'un instrument dérivé nécessite de payer une prime *P* donnée (prime d'une option par exemple), on peut comparer ce *P* par rapport au capital libéré multiplié par le coût moyen du capital de l'assureur. Prenons un exemple simple : une action « coûte » 39 % de capital. Un *put* (option de vente) d'attachement 80 % permet donc *a priori* de réduire ce capital de 19 points (oublions le risque de contrepartie pour simplifier l'analyse). En imaginant que le coût de capital de l'assureur soit de 8 % par an, ces 19 points de SCR « économisés » se traduisent par un bénéfice annuel de 19 %*8 % = 1,52 %. Ainsi, d'un pur point de vue économique, cette couverture est avantageuse si la prime annualisée de l'option est inférieure à ce montant de 1,52 %. L'analyse est volontairement simplifiée, dans la mesure où d'autres paramètres entrent en ligne de compte, comme la réduction des risques de pointe, des *impairments* comptables, etc. Mais elle demeure le socle de la réflexion.
- La ***liquidité sous-jacente de l'instrument dérivé*** : ce point est plus subtil mais se comprend aisément. Les assureurs sont les plus gros investisseurs institutionnels au monde, avec par exemple 1 580 milliards d'euros en France dans l'assurance vie uniquement. Ces chiffres donnent le tournis et soulignent que les enjeux financiers sont considérables. Par conséquent, il n'est pas surprenant que des assureurs visent à protéger des montants significatifs lorsqu'ils entrent dans des contrats dérivés, de plusieurs centaines de millions d'euros à plusieurs milliards d'euros. Dans ces conditions, la profondeur réelle et la liquidité des marchés dérivés sont critiques, dans la mesure où ces contrats n'ont de valeur que si l'assureur peut 1) en traiter des tailles cohérentes avec ses enjeux sans impact massif sur le prix de l'instrument sous-jacent et 2) en monétiser la valeur positive, le cas échéant ! Ce point n'est pas anecdotique, et plusieurs assureurs de premier plan ont été, dans le passé, dans l'impossibilité de déboucler au bon prix (visible sur écran) des contrats de protection contre l'inflation, par exemple, dans la mesure où les prix affichés

sur *Bloomberg* – utilisés par ailleurs pour valoriser ces options à leur bilan – n'étaient valables que pour des transactions de quelques dizaines de millions d'euros de notionnel... alors que ces assureurs en avaient des milliards à leur bilan !

3.3.2. Solutions de réassurance (plus ou moins structurées...)

La réassurance est à l'assurance ce que l'aspirine est à la trousse médicale, le remède de base, le cœur du cœur. C'est tout à fait légitime car la réassurance, depuis plusieurs dizaines d'années, a été un outil efficace, fiable, flexible et innovant de *risk management*. Et parfois un réel partenaire de l'assurance, aidant au financement du *business strain*, à la tarification de risques complexes, et également à la modélisation plus fine des risques et, *in fine*, à la meilleure connaissance, compréhension et appréhension du risque parmi les sociétés d'assurance. Il est donc tout à fait logique que la réassurance demeure un outil privilégié de transfert de risques.

Sous Solvabilité 1, le traitement prudentiel de la réassurance était complexe. Seule la réassurance proportionnelle était prise en compte en réduction du besoin de marge de solvabilité. Et, jusqu'à la directive « réassurance » de 2005, les créances représentatives des cessions de réassurance devaient en sus être nanties pour être éligibles en représentation des engagements réglementés (l'ancien état réglementaire C5 qui rappellera de bons souvenirs aux professionnels français). Cela n'a toutefois pas empêché le développement de la réassurance et le développement des contrats, des traités et des facultatives. Le marché de la réassurance est particulièrement innovant et, après les **traités proportionnels** (qui transfèrent primes et sinistres au *prorata*), se sont développés les contrats non proportionnels en **Excédent de Sinistres** (dits XS, qui transfèrent à un réassureur les sinistres au-delà d'un certain point d'attachement et sur une portée donnée), les contrats dits ***Stop Loss*** (qui couvrent les assureurs au-delà d'un certain niveau de ratio de sinistralité), puis les couvertures **pluriannuelles**, les couvertures **agrégées** couvrant plusieurs lignes distinctes, etc.

Plus généralement, la réassurance a été le catalyseur de la sophistication croissante de la gestion des risques. Partant des événements climatiques qui furent les premiers à être modélisés (par des *start-up* à l'époque, comme RMS, AIR, Eqecat), les réassureurs ont proposé aux assureurs, en sus de leur bilan, une expertise en matière de cartographie, modélisation, quantification des risques. Les grands courtiers de réassurance ont également participé à ce mouvement (*e.g.* Metarisk® pour Guy Carpenter, ou ReMetrica® pour Aon Benfield). Le résultat est aujourd'hui sans appel et la réassurance fait partie du paysage chez la quasi-totalité des assureurs. Ils y trouvent :

- Un partenaire de tarification, sur certains risques.
- Une capacité de souscription, par exemple sur les lignes en croissance rapide, *via* des traités en quote-part. Le réassureur agit alors, d'une certaine façon, comme un « intérêt minoritaire » ou une forme de « capital contingent ».
- Une contrepartie pour le transfert de risques de pointe sur certaines lignes granulaires (*e.g.* auto), de risques climatiques extrêmes.
- Un outil de lissage des revenus et de la volatilité du passif du bilan.
- Et parfois une source de financement alternatif, *via* certains contrats de monétisation des profits futurs de portefeuilles d'assurance vie ou de gestion des *contract boundaries*, notamment sur les contrats collectifs.

Comme on le voit, le rôle de la réassurance dépasse largement le simple transfert de risques. Il est donc tout naturel que chaque problématique spécifique du marché de l'assurance (ou presque) ait fait l'objet d'une étude précise par des réassureurs, à la recherche d'une nouvelle innovation ou solution pour leurs clients. Étudions-en quelques-unes, qui illustreront ce foisonnement.

- ***Les couvertures contre le risque de longévité*** : si l'on étudie en détail la composition du SCR des acteurs spécialisés dans l'épargne retraite, on retrouve environ 75 % à 80 % de risques de marché (SCR_{market}) et environ 10 % de risques de longévité ($SCR_{longevity}$)… Ce risque de longévité est notamment très punitif sous Solvabilité 2, avec une réduction instantanée de 20 % du taux de mortalité. Mais ce chargement punitif serait presque absorbable par les acteurs si, dans le même temps, ils ne devaient faire face à un niveau historiquement bas des taux d'intérêt. Cette conjonction a poussé de nombreux acteurs spécialisés dans l'épargne retraite à chercher de la réassurance *ad hoc* (aux États-Unis, au Royaume-Uni et aux Pays-Bas). Or, dans le même temps, de nombreux réassureurs composites ont souhaité diversifier leur offre en réassurance vie, et ont considéré, non sans raison, que souscrire des risques de longévité pouvait être une bonne diversification des portefeuilles de risques de mortalité existants. Ainsi, une demande en hausse et une offre abondante ont permis un développement rapide et substantiel de ce marché. Le Tableau 5 ci-dessous propose une liste (non exhaustive) de transactions réalisées depuis l'été 2015. Ces transactions n'ont pas toutes eu pour finalité l'amélioration des ratios Solvabilité 2, mais certaines avaient clairement cet objet. Plusieurs régulateurs se sont ainsi emparés du sujet, notamment la PRA britannique et la DNB néerlandaise, et ont développé une jurisprudence assez conservatrice en la matière. Ces régulateurs analysent – à juste titre – le transfert effectif de risque, le risque de contrepartie vis-à-vis du réassureur, le risque de base qui peut exister entre le portefeuille réel de l'assureur et la couverture, notamment lorsqu'elle est indicielle, etc. Ainsi, plusieurs transactions réalisées aux Pays-Bas ont dû être revues, notamment celle de Delta Lloyd.

Tableau 5 – **Transactions de couverture de longévité**

Sponsor/cédante	Réassureur	Solution	Taille	Date
Pension Insurance Corp	Prudential (US)	Réassurance longévité	USD1,1 Md	Juin 2016
Legal & General	Prudential	Réassurance longévité	Non dispo.	Avril 2016
RAC pension scheme	SCOR	*Swap* et réassurance	USD0.9 Md	Nov. 2015
Philips UK pension	PIC & Hannover Re	*Buyout*	GBP2,4 Md	Nov. 2015
Legal & General	Prudential	Réassurance longévité	USD2,9 Md	Août 2015
Aegon	Canada Life Re	*Swap* et réassurance	EUR6 Md	Juillet 2015
Delta Lloyd	RGA Re	*Swap* de longévité (index)	EUR12 Md	Juin 2015

Source : Artemis Website (www.artemis.bm).

- ***Les transactions de financement alternatif*** : Solvabilité 1[45] (jusqu'au milieu des années 2000) et Solvabilité 2 accordent une place particulière à ce que l'on appelle communément la *Value in Force* (VIF). Cette VIF représente en fait les profits futurs qu'un assureur prévoit de faire sur une ligne d'activité donnée, le plus souvent « vie ». Ces lignes « vie » sont en effet particulières dans la mesure où, très longues, leur profitabilité n'est pas immédiatement reconnue. En général, la souscription de ces lignes passe même par une perte, liée aux coûts de souscription (frais de contrats, paiement *up-front* du canal de distribution), qui sera recoupée par des gains ultérieurs, au fil de l'eau, par exemple liés à des prélèvements sur encours. Dans ces conditions, et après un intense *lobbying* du secteur, les législateurs ont accepté que, sous Solvabilité 2, cette VIF[46] soit éligible comme élément de capital Tier 1. Cet agrément fut tout sauf évident et certains régulateurs restent dubitatifs sur la qualité de la VIF. On peut les comprendre car la VIF, par définition, est un profit *futur*, qui peut très bien ne jamais se matérialiser si les conditions financières des contrats se dégradent, ou si les assurés rachètent ces contrats de façon anticipée. Mais en sus, cette VIF est un **actif intangible**, car tant que le profit n'est pas reconnu et réalisé, il demeure une vue de l'esprit (mathématique et actuarielle). Alors, des réassureurs et des banques d'investissement ont développé plusieurs solutions idoines, destinées à aider les assureurs à couvrir

45. La VIF pouvait être validée, par accord spécifique des régulateurs, pour couvrir le besoin de marge de Solvabilité, sous certains critères de taille et de maturité.
46. Plus précisément, il s'agit de ce que l'on appelle l'EPIFP : *Expected Profit in Future Premiums*, à savoir les profits futurs attendus sur des primes régulières.

certaines problématiques précises liées à cette VIF. Aviva, Hannover Re, Caixa Vida, Aegon, Santander, BBVA et tant d'autres ont souscrit de tels contrats, plus ou moins structurés. Ces acteurs ont notamment trouvé une façon élégante de couvrir ou de monétiser cette VIF.

Encadré 3 – **La question spécifique des contract boundaries**

Une subtilité de Solvabilité 2 mérite toutefois un mot d'analyse. Solvabilité 2 reconnaît la VIF comme élément de capital Tier 1... jusqu'à une certaine date pour certains contrats. En effet, pour des contrats où les assureurs disposent par exemple d'une capacité de changement unilatéral des termes et conditions, le législateur a estimé qu'il était impossible d'anticiper que les assurés resteraient. Il a donc conclu que, de façon conservatrice, les assurés préféreraient sortir du contrat si l'assureur en modifiait substantiellement les termes. Cela se traduit par la notion de *contract boundary*. Il s'agit d'une date (par exemple au bout d'un an) au-delà de laquelle la VIF ne sera plus reconnue en Tier 1 sous Solvabilité 2. C'est malencontreux, notamment pour certaines lignes d'activité comme les contrats collectifs/prévoyance Groupe. Et c'est finalement assez peu économique dans la mesure où la probabilité que tous les assurés rompent leurs contrats au bout de cette année est bien faible... Par conséquent, des réassureurs et des banques ont développé des solutions de monétisation de la VIF qui, en transférant à un tiers ce risque de *lapse* (rachat anticipé) des contrats, et en préfinançant sans recours la VIF, permettent *a priori* de créer *ex nihilo* du capital en repoussant ces *contract boundaries*. Ces solutions nécessitent néanmoins l'accord explicite des régulateurs.

- ***Les transactions de réassurance agrégée*** : les temps sont durs pour tout le monde et les assureurs sont confrontés, nous l'avons vu, à une baisse de leur profitabilité. Cette situation a poussé plusieurs réassureurs à développer des solutions de protections moins chères que les traditionnels contrats XS. Notamment, en associant plusieurs lignes peu ou pas corrélées entre elles, un réassureur peut proposer une couverture économique qui indemnisera l'assureur contre une perte effective du portefeuille, et non contre une perte individuelle sur une ligne d'activité donnée. Cette approche est habile, et permet à un assureur de disposer d'un coussin, assez proche d'un *stop-loss* complet sur son portefeuille. Si le prix de cette couverture est inférieur au coût moyen du capital de l'assureur cédant, il y trouve une forme de « capital contingent » efficace économiquement. Le souci de ce type de couverture n'est toutefois pas économique. Il est en effet complexe de l'intégrer dans la formule standard de Solvabilité 2 et, par conséquent, l'assureur aura du mal à justifier une réduction de son SCR. Sinon, il peut développer un modèle interne qui prendra plus simplement en compte ces contrats.

Finalement, la réassurance apparaît comme ce qu'elle est : un **instrument de capital** au service des assureurs, pour couvrir des besoins divers. À l'instar des instruments de transfert des risques financiers, cet outil peut être « vanille » ou plus structuré. Il peut être calibré suivant les goûts et besoins des assureurs, avec des points d'attachement proches (de 5 % à 20 % par an de perte attendue, on parle alors de *working layer* en jargon de réassureur) ou lointains. Certains assureurs, pour couvrir leur capital *rating* ou capital économique, souscrivent des contrats de réassurance avec des limites très élevées, de 1/500 ans ou 1/1 000 ans de récurrence ! Et, comme le marché des produits dérivés, le marché de la réassurance est **cyclique** et, suivant l'offre et la demande, les prix des protections peuvent varier substantiellement. Fin 2016, la plupart des lignes de réassurance sont dites « soft », c'est-à-dire que l'offre est supérieure à la demande, entraînant une baisse des tarifs. Cette situation s'explique par plusieurs facteurs : une faible sinistralité ces dernières années, notamment liée aux catastrophes naturelles, moins nombreuses et sévères que dans le passé ; un afflux de capital dit « alternatif », en provenance d'investisseurs cherchant un nouvel actif peu corrélé aux autres indices financiers. Près de 75 milliards de dollars sont ainsi entrés dans le marché de la réassurance, sous forme de *Cat Bonds*, d'*Industry Loss Warranty*[47], de *start-up* plus ou moins exotiques de réassurance ou de *sidecars* de réassurance. Ce capital alternatif représente désormais 15 à 20 % du capital total du secteur. La tendance est donc favorable pour les assureurs, qui trouvent plus d'acteurs de réassurance, disposant de plus de capital, et désireux d'innover pour se différencier. Ils n'ont donc – presque – que l'embarras du choix !

Bien entendu, la réalité est un peu plus complexe et, si le cycle est aujourd'hui favorable aux assureurs (et défavorable aux réassureurs), la situation peut parfaitement s'inverser si, par exemple, une série de grosses catastrophes naturelles devait se produire. Les assureurs les plus avancés, conscients de cette réalité, ont donc progressé sur plusieurs fronts pour se prémunir contre la volatilité du marché de la réassurance qui pourrait advenir. Nous pouvons citer deux solutions. La première a été de souscrire des contrats sur une **base pluriannuelle**. Historiquement, la réassurance (notamment non-vie) fut toujours souscrite sur une base annuelle. Mais cela commence à changer et les assureurs ont intérêt à cristalliser aujourd'hui les conditions sur 3 ans ou plus, et les réassureurs ont intérêt à fidéliser leurs clients dans un environnement de plus en plus compétitif. La seconde solution est plus particulière et plus structurante. Quelques assureurs composites, tels Arch, Enstar ou Axis, ont monté de véritables ***sidecars* hybrides**. Ces véhicules *sui generis*, capitalisés par des investisseurs tiers, permettent à ces assureurs de trouver de la capacité de réassurance pérenne, dédiée. Et, cerise

47. Contrat de réassurance ou financier/dérivé « alternatif » qui couvre de façon digitale une cédante (souvent un réassureur en rétrocession) contre une perte cumulée sur un certain péril, par exemple une limite de 50 millions de dollars sur un tremblement de terre en Californie qui dépasse 20 milliards de dollars de pertes assurées cumulées.

sur le gâteau, ils y trouvent de la capacité à un coût de capital inférieur à celui du marché classique de la réassurance, et à leur propre coût de capital, grâce à une subtilité de ces véhicules *sui generis* : contrairement à d'autres véhicules, ceux-là sont non seulement capitalisés par de nouveaux « **investisseurs alternatifs** », mais ils partagent aussi une **politique d'investissement innovante**, assise sur des partenariats avec des **gérants alternatifs** de type *hedge funds*. Ainsi, la cible de ROE du véhicule est plus basse que celle attendue chez un réassureur dit classique et, idéalement, les revenus d'investissements contribueront plus à ce ROE que dans le cas d'un réassureur classique, plus conservateur.

Pour certains acteurs et observateurs du marché de l'assurance, ces véhicules et solutions sont purement tactiques et ne prospèrent qu'en raison des conditions historiquement favorables de souscription de la réassurance. Ils ont sans doute tort. Il se dessine en fait un **nouveau paradigme de gestion du capital** des assureurs et réassureurs. Chez les acteurs plus sophistiqués, les risques sont désormais souscrits *via* plusieurs types de moyens. Ils peuvent être souscrits par les **bilans principaux** des (ré)assureurs, à un coût de capital élevé (car ces acteurs doivent maintenir de hauts niveaux de capitalisation pour viser des *ratings* élevés, et ainsi apparaître solides à leurs cédantes). Ils peuvent également être souscrits par des ***sidecars*** liés et capitalisés par des investisseurs tiers qui auront des cibles très spécifiques de risques, de retour sur investissement et de couple risque/rendement. Les risques peuvent être souscrits dans le cadre d'un *buy and hold* ou ils peuvent être souscrits pour être « titrisés » *via* le marché des obligations catastrophes (*cat bonds*). Le *business model* de l'assurance se rapproche, petit à petit, de celui du secteur bancaire, avec l'adaptation *mutatis mutandis* de la stratégie ***originate to distribute***. Il ne s'agit rien de moins que d'un bouleversement complet de la pratique de l'assurance. Jusque-là, un assureur souscrivait des risques et les conservait. Il couvrait certains scénarios de pointe *via* la réassurance. Aujourd'hui et plus encore demain, un assureur pourra souscrire des risques et les allouer à plusieurs « bilans » ou plusieurs types d'investisseurs : ses actionnaires propres, ou des investisseurs dédiés et spécialistes de certains risques. La titrisation des risques d'assurance s'est longtemps concentrée sur les risques catastrophes. Elle se diversifie rapidement désormais. On trouve des investisseurs désireux de prendre des risques de mortalité, de longévité, de responsabilité civile (*via* des véhicules de type *hedge fund backed reinsurers*), des risques opérationnels bancaires (cf. transaction réalisée par Credit Suisse pour couvrir ses risques opérationnels, appelée sans originalité *Operational Re*[48]). Les

48. Transaction finalisée en mai 2016, d'une taille de 220 millions de CHF, pour une maturité de 5 ans. La transaction a été réalisée avec le soutien de l'assureur Zurich Insurance, qui a souscrit 50 millions de CHF de risques pour sa part.

assureurs et réassureurs montent des départements entiers chargés de trouver et d'animer ces investisseurs tiers et alternatifs. Ce mouvement est largement encouragé par les nouvelles règles de Solvabilité 2 grâce auxquelles il est plus aisé de prendre en compte ces nouvelles solutions de transfert de risque.

Encadré 4 – ***Hedge Fund backed Reinsurers***

Ces véhicules sont des réassureurs permanents, qui disposent ou non d'une notation par une agence telle S&P ou AM Best, et qui ont pour objet de proposer aux investisseurs la performance d'un *hedge fund* avec un levier « opérationnel ». Ce levier est obtenu grâce à la souscription de lignes de réassurance longues, et à faible volatilité (typiquement de la responsabilité civile). Le principe est simple : le réassureur souscrit des risques longs. Il peut ainsi, avec une grande visibilité, investir les primes reçues dans des stratégies alternatives illiquides. Les fonds propres du véhicule sont également investis dans les mêmes stratégies. Par conséquent, le véhicule propose aux investisseurs un effet de levier sur les solutions, apporté par les primes de réassurance. De tels véhicules bénéficient également d'un traitement fiscal plus favorable que les investissements directs en *hedge fund*, dans la mesure où les gains financiers ne sont pas taxés de la même façon. De plus, les investisseurs anticipent une sortie de leur placement *via* un IPO[49] à terme du réassureur, le plus souvent. Or, les réassureurs traitent à un multiple de *Price/Book Value* supérieur à 1, contrairement aux véhicules cotés de *hedge funds* qui traitent à un *discount* de *Book Value*. Les *hedge fund backed reinsurers* les plus connus sont Third Point Re et Greenlight Re, qui ont des partenariats avec respectivement *Third Point Capital*, *hedge fund* lancé par Daniel Loeb, et *Greenlight Capital*, lancé par David Einhorn. Les deux véhicules disposent respectivement de 1,3 milliard et 900 millions de dollars de capital. De nombreux autres se sont développés depuis, avec Watford Re, ou Multi-Strat Re qui permet de mettre en contact *hedge funds*, investisseurs et souscripteurs de risques de réassurance pour des acteurs de plus petite taille.

3.3.3. Nouveaux instruments de capital (capital contingent, fonds propres auxiliaires – AOF...)

Les instruments de capital contingent sont très divers, et chaque transaction conclue jusqu'à présent répondait à une logique et à une finalité bien spécifique. À la fois solutions de capital (permettant d'absorber les pertes) et parfois de transfert de risques, les solutions de capital contingent peuvent être reparties suivant une taxonomie à deux axes : 1) produits **sécurisés** ou non (*i.e.* intégrant ou non un risque de contrepartie) et 2) produits **contingents** (déclenchés par la

49. *Initial Public Offering* : introduction en Bourse.

survenance d'un événement donné) ou produits **à la disposition de l'assureur à tout instant** (que nos amis anglo-saxons intitulent *on demand*). La logique économique sous-jacente ne sera pas la même. À cette taxonomie s'ajoutent des contraintes spécifiques qui peuvent être légales, comptables ou de forme. Ainsi, certaines structures seront, en sus, efficaces d'un point de vue fiscal, ou dans les modèles des agences de *rating*, etc. Ces points ne sont pas subalternes et le dernier (plaire aux agences de *rating*), notamment, peut-être la motivation principale d'une transaction.

Pour éclairer cette analyse, le mieux est de partir des transactions qui ont été réalisées. Il sera alors plus aisé de prendre du recul et de la hauteur. Nous étudierons trois exemples différents de transactions qui ont été conclues depuis 2010.

3.3.3.1. Le capital contingent : quelles transactions pour quelle finalité ?

Contingent Equity Line

La première transaction de *Contingent Equity Line* fut réalisée en 2010, avec le réassureur SCOR. Elle couvrait cette société pour une période de 3 ans (2011 à fin 2013). La *Contingent Equity Line* (CEL) est une solution relativement simple sur le principe. En deux mots, en cas de survenance d'un événement déterminé (*trigger*), la société d'assurance s'engage à émettre de nouvelles actions, dans une fenêtre temporelle donnée (quelques semaines tout au plus après la notification de ce *trigger*). En parallèle, la contrepartie à cette transaction privée (et non placée dans le marché, ce qui la distingue des opérations décrites plus loin) s'engage à souscrire, à des conditions pré-approuvées, ces nouvelles actions. Il y a donc un **double engagement** et pas de possibilité de déroger à l'exécution en cas de déclenchement. Naturellement, la contrepartie – une banque – n'a pas vocation à rester actionnaire de l'assureur et les termes et conditions du produit reposent sur la capacité de cette contrepartie à céder les titres nouvellement acquis dans le marché, *via* un placement privé du bloc d'actions.

Les paramètres de structuration de cette transaction sont donc :

➔ ***La définition du* trigger *et sa calibration*** : contrairement aux transactions tirables à tout moment au choix de l'assureur, la CEL est bien « contingente » à un événement donné, ou à une série d'événements. Dans le cas de SCOR, la solution visait à compléter la panoplie, très riche déjà pour cette société, d'instruments de couverture ou transfert de risques catastrophiques. Ainsi, le *trigger* de la CEL fut assis sur le montant cumulé de pertes liées aux événements climatiques et naturels[50]. Le choix de ce *trigger* et sa calibration, c'est-à-dire sa probabilité de déclenchement, furent l'objet d'une réflexion de SCOR, et d'une discussion avec l'agence de *rating* S&P. Le traitement par cette agence était en effet clé dans le choix de ce produit et sa structuration précise. SCOR visait une réduction du besoin de capital lié aux risques catastrophiques dans le modèle de Standard & Poor's qui, pour simplifier, requiert qu'un assureur maintienne suffisamment de fonds propres pour absorber des événements de récurrence 1/250 ans (après divers retraitements, pour notamment éviter le double comptage des pertes par rapport aux autres modules). La société SCOR obtint un traitement très favorable de la part de S&P.

➔ ***Les conditions en cas de tirage, et notamment la décote et les* fees** : cette partie est liée au *risk management* de la transaction par la contrepartie bancaire. Pour cette dernière, en effet, l'important est de pouvoir replacer le bloc de nouvelles actions fraîchement émises dans le marché sans perte excessive (et même idéalement avec un gain). Cette nécessité, assez légitime, motive donc le choix du niveau de décote auquel les nouvelles actions sont émises, par rapport à un cours de référence qui est typiquement la moyenne pondérée du cours du titre sur les 3 derniers jours de cotation (et sachant que cette décote ne peut dépasser 10 %). Parallèlement, les *fees* annuels que perçoit la banque tant qu'il n'y a pas de tirage sont déterminés pour 1) faire en sorte que la banque couvre son coût de capital, car une telle transaction requiert du capital chez la contrepartie et 2) que l'estimation du risque économique soit satisfaite. Ce deuxième point est complexe, dans la mesure où le risque sous-jacent est assez exotique : il s'agit d'un engagement ferme de souscrire un risque qui n'existe pas dans le marché secondaire ou interbancaire. C'est un risque d'exécution futur, à date indéterminée, d'un placement de bloc ; de plus, c'est un risque de pointe, dans la mesure où la calibration du *trigger* se fait sur la base de probabilités de déclenchement inférieures à 5 % par an.

La première transaction de SCOR fut très bien accueillie par les agences de *rating*, et notamment par S&P qui accorda à SCOR, selon la formule consacrée, un « *bénéfice quasi-total en termes de réduction de capital* » *ad hoc*. Et, finalement, SCOR fut satisfait de cette transaction car la société la renouvela en 2013 pour une nouvelle période de 3 ans. Il convient également de noter que l'une des tranches de CEL (il y en avait deux successives à l'époque de 75 millions d'euros chacune) fut tirée en juillet 2011 et placée avec succès par la contrepartie bancaire. Le déclenchement fut certainement un manque de chance, et cela s'expliqua par la sinistralité anormalement élevée au cours du premier semestre 2011, avec le

50. Notons que dans le renouvellement de la CEL en 2013, SCOR ajouta un deuxième *trigger* parallèle lié à la déviation sévère de la mortalité, par exemple dans le cas d'une pandémie.

terrible tremblement de terre au Japon, et des événements naturels et climatiques lourds en Thaïlande, Nouvelle-Zélande, etc. Mais le bon point fut de valider le concept, et d'en éprouver la solidité.

Grâce à cette transaction – qui s'intégrait parfaitement dans la gestion de capital complète, ainsi que dans la gestion complète des risques de pointe du réassureur –, SCOR a obtenu un bénéfice très substantiel vis-à-vis de S&P. Ce n'était nullement un « coup » tactique mais, au contraire, un outil réfléchi. SCOR était déjà, en 2011, très en avance dans ses *reportings* publics sur sa gestion de capital. Le Graphique 19 reprend un schéma qui résume l'approche de la société, très granulaire et précise.

Graphique 19 – ***Reporting* sur la gestion de capital de SCOR (2015)**

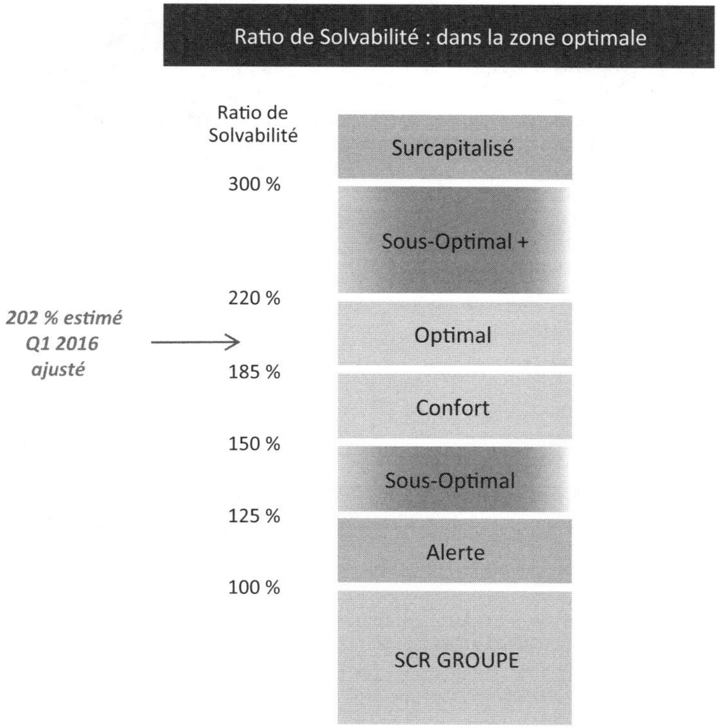

Source : SCOR, 2015 (traduction de l'auteur).

Dans ce cadre, la CEL s'intègre dans une stratégie assumée de gestion de la volatilité des fonds propres disponibles, et comme un outil **contra-cyclique** puissant et très efficace économiquement, permettant à la société de disposer *immédiatement* de capital frais pour 1) éponger des pertes éventuelles (logique « défensive ») et

2) disposer de fonds propres additionnels pour souscrire avec profit de nouveaux risques, post-événements lourds, à un moment où les conditions de souscription se tendraient et deviendraient plus favorables (logique « offensive »).

Cette transaction fut novatrice et, mis à part SCOR, l'assureur-crédit Coface, spécialiste reconnu de ce secteur, fut un utilisateur de la CEL. Coface entra en effet dans une *Contingent Equity Line* en février 2016, pour une durée de 3 ans également. À l'instar de SCOR, cette transaction s'intégra à la fois dans le *business model* de Coface, mais également dans sa politique complète de gestion de capital. Coface publia ainsi un graphique très explicite, présenté ci-dessous, résumant les différents outils à sa disposition pour gérer son capital.

Graphique 20 – **Gestion du capital par l'assureur-crédit Coface**

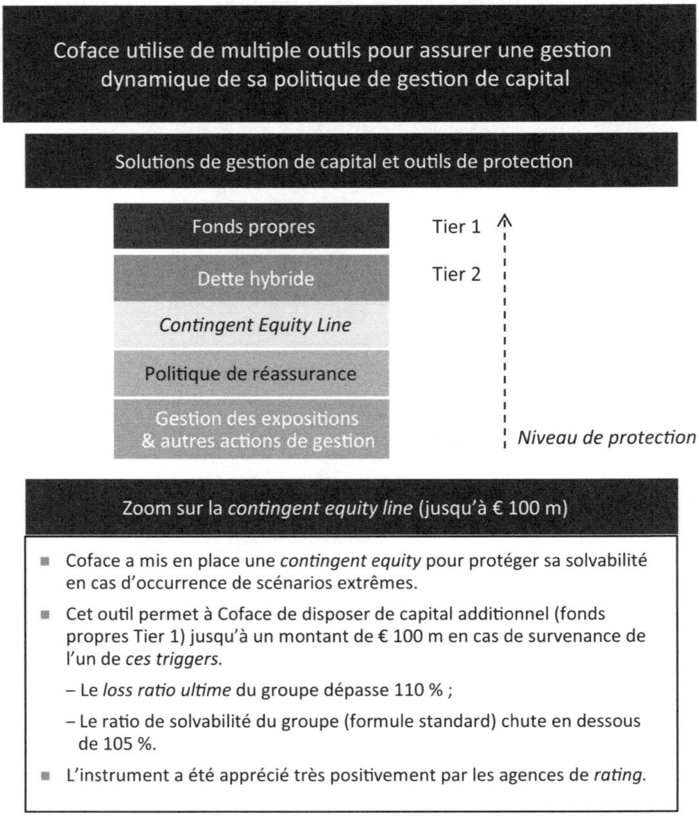

Source : Coface, publication des comptes annuels 2015 (traduction de l'auteur).

Comme dans le cas de SCOR, la transaction fut positivement appréciée par les agences de *rating* (Moody's et Fitch dans le cas de Coface). Et elle fut également particulièrement bien adaptée au marché de l'assurance-crédit, très volatile et très *short-tail*, comme on dit en jargon d'assureur, c'est-à-dire avec des passifs de faible duration. Ce marché réagit très rapidement aux détériorations soudaines du crédit commercial des entreprises. Ce qui peut entraîner une forte volatilité du ratio combiné (comme nous l'avons vu en 2008 par exemple). Mais ce marché est également très prompt à revaloriser les risques et à augmenter les taux de souscriptions. Dans ces conditions, disposer de capital frais juste après un choc est très important et efficace, car ce capital permettra à l'assureur de souscrire plus de risques, au moment où ces risques seront les mieux rémunérés.

Notons pour conclure que l'intérêt de la CEL tient également à son « coût » modeste et très compétitif par rapport à toutes autres solutions de capital ou de transfert de risques. Ainsi, pour Coface, le niveau de *fees* annuels était fixé à **0,5 %**. Aucun autre instrument de capital ou contrat de réassurance ne peut atteindre ce niveau.

Transactions contingentes émises par Swiss Re

Le réassureur Swiss Re fut également – et reste, avec SCOR – un utilisateur très précoce, sophistiqué et récurrent d'instruments de capital contingent. Et tout comme SCOR, Swiss Re évolue dans un marché particulièrement volatil, celui de la réassurance, notamment non-vie. Sur les lignes catastrophiques, la sinistralité peut varier, d'une année sur l'autre, de 1 à 10. Tous les observateurs et professionnels du secteur ont encore en tête les années 1992 (Ouragan Andrews qui dévasta le Golfe du Mexique), 2001 (les tragiques événements du 11 septembre) ou 2005 (avec la série d'ouragans Katrina, Rita et Wilma, dont le premier ravagea la ville de la Nouvelle-Orléans). Ces années ne virent pas simplement des pertes comptables chez les réassureurs. Elles furent de vrais points d'inflexion du marché. En asséchant le capital disponible parmi les acteurs, ces événements catastrophiques entraînèrent un durcissement massif des conditions de souscription et une augmentation tout aussi massive des taux de primes. Ce fut un simple effet d'offre et de demande : la demande de réassurance augmentait alors que l'offre et la capacité de réassurance avaient diminué avec le capital disponible dans le marché. Bien entendu, de telles conditions furent très favorables aux réassureurs, qui purent engranger des profits substantiels les années suivant ces drames. Et ils purent également trouver du capital frais auprès d'investisseurs, sous la forme d'augmentations de capital, d'émission de dettes parfois, ou de *sidecars*. Des *start-up* de réassurance furent également lancées avec succès, notamment aux

Bermudes. On parla même de *vintage* 1992, 2001 et 2005 pour ces réassureurs, comme Flagstone Re, Ariel Re, Arch, Aspen, Axis, Endurance, dont certains sont toujours actifs et prospères...

C'est dans ce cadre que Swiss Re décida de compléter ses outils de gestion de capital par une gamme très variée d'instruments de capital contingent. Ces instruments furent de nature différente, entre dettes subordonnées convertibles en actions, dettes subordonnées disposant d'une clause d'absorption de pertes (par une réduction du nominal remboursable), ou encore une solution de capital tirable *on demand* par Swiss Re. Ce dernier instrument prend la forme d'un SPV, capitalisé par des investisseurs tiers. La somme apportée par ces investisseurs est utilisée pour acheter des obligations publiques en dollars, qui servent de « collatéral ». Si Swiss Re en faisait la demande, pendant une période de 5 ans, les titres des investisseurs pourraient être transformés en dette subordonnée datée, permettant à Swiss Re, à sa discrétion, d'augmenter ainsi son capital disponible et éligible sous le référentiel réglementaire suisse (le *Swiss Solvency Test*), à des conditions données. Le papier serait alors un Tier 2 pour les agences de *rating*. La forme et l'utilisation d'un SPV tiennent à la fois aux règles fiscales suisses, relatives aux émissions en devises (et à l'existence d'une *withholding tax* en Suisse, dans ce cas). Mais elle tient aussi à des discussions avancées avec les agences de *rating*, et notamment S&P. L'intérêt pour Swiss Re d'une telle structure est double : disposer d'un **capital disponible à tout instant**, sans risque de contrepartie[51] (contrairement à une CEL), et ne pas souffrir d'une augmentation de son **ratio de levier financier** tant qu'il n'y a pas de tirage. Cette transaction fut très intéressante, mais plus chère que la transaction de CEL.

Transaction réalisée par Allianz

En juillet 2011, Allianz réalisa une transaction novatrice, sous la forme d'un placement privé de 500 millions d'euros, auprès de l'assureur Nippon Life au Japon. Cet instrument, d'une maturité de 30 ans, et subordonné, peut être transformé en actions ordinaires d'Allianz dans des circonstances particulières, notamment si le ratio de solvabilité décline en dessous d'un certain niveau. L'instrument est différent de ceux évoqués plus haut. Il est, dès la première heure, un instrument de capital reconnu sous Solvabilité 2 et par les agences de *rating* (comme Tier 2). Mais il permet, de façon là encore contra-cyclique, d'**améliorer la qualité du**

51. Notons toutefois que la transaction comporte un risque de marché dans la mesure où les fonds sont investis en obligations publiques américaines, dont la valorisation peut varier en fonction des conditions de marché.

capital en transformant cet instrument de Tier 2 en Tier 1, dans des conditions stressées.

À la lecture de ces quelques exemples illustratifs, on voit la richesse et l'étendue des solutions de capital contingent. Chaque solution présentée répondait spécifiquement à un besoin.

Pour SCOR et Coface, la logique était de disposer d'un **capital contra-cyclique** qui soit considéré comme un instrument de *transfert* de leurs **risques de pointe**. L'instrument devait alors être très peu cher et SCOR, comme Coface, acceptait de prendre un risque de contrepartie vis-à-vis de la banque arrangeuse. Comparaison n'est pas raison et SCOR, Coface et les régulateurs trouveraient ce raccourci osé, mais la CEL se rapprocherait presque d'un traité de réassurance en Excédent de Sinistre. La différence tiendrait dans le *settlement* de la transaction en cas de déclenchement. Au travers d'un contrat de réassurance, l'assureur recevrait un chèque en solde de tout compte, lié à ses pertes réalisées. Au travers d'une CEL, l'assureur recevrait un montant de capital additionnel placé auprès d'investisseurs. Si la probabilité d'attachement est supérieure à celle prévue dans les textes de Solvabilité 2 (0,5 %), un tel produit devrait être pris en compte dans le premier pilier.

Pour Swiss Re, la finalité des instruments était de disposer de capital sous forme de Tier 2 « à la demande », en cas de tirage, sans alourdir le ratio de **levier financier** de la société si l'instrument n'était pas tiré.

Pour Allianz, la solution permettrait à l'assureur d'améliorer automatiquement et immédiatement la **qualité du capital** (et non son niveau absolu) en cas de dégradation de la situation de solvabilité. En effet, dans ce cas, le Tier 2 deviendrait du Tier 1 *unrestricted*.

3.3.3.2. Les AOF **(Ancillary Own Funds** *ou Fonds Propres Auxiliaires)*

Le capital contingent pour les sociétés d'assurance a connu un spectaculaire regain d'intérêt à l'occasion de l'introduction de Solvabilité 2. Pour la première fois, un référentiel réglementaire prévoyait l'existence d'une nouvelle gamme d'instruments de capital éligibles pour couvrir le SCR, sans qu'ils soient tirés au premier jour. Sans surprise, les assureurs se sont emparés de la question et ont été aidés par l'imagination fertile des banques d'investissement. Essayons d'y voir plus clair.

Les AOF sont décrits par la réglementation, à l'article 93 de la directive dite « Solvabilité 2 » (directive 2009/238/EC) et, pour les produits d'*Ancillary Tier 2*, à l'article 74 des Actes délégués (*article 74 : Tier 2 Ancillary own-funds – list of own-fund items*). La liste précise figure à l'Annexe 4 et nous invitons le lecteur curieux à s'y référer. Mais en sus de la liste d'instruments *a priori* favorablement vus, le législateur a prévu 1) un processus de **validation** sur mesure et obligatoire et 2) une certaine latitude donnée aux régulateurs locaux pour valider ou non les demandes de qualification comme AOF, et une latitude pour définir des **méthodologies dynamiques** de révision et de calibration (quelle taille est validée, quelles clauses de revoyure sont prévues ?) L'article 62 (*assessment of the application*) des Actes délégués dispose des critères à remplir pour solliciter la demande de classification d'un instrument en AOF. Il est présenté à l'Annexe 5.

Quelques commentaires sont nécessaires à ce stade. Le premier, de base, est que les AOF peuvent être de qualité **Tier 2** ou **Tier 3**. Il n'existe pas d'*Ancillary Tier 1*. En fait, un produit sera classifié comme Ancillary Tier 2 si, une fois tiré, l'instrument final est un Tier 1. Et il sera classifié comme Ancillary Tier 3 si, une fois tiré, l'instrument final est un Tier 2.

Les produits peuvent prendre plusieurs formes juridiques, lettre de crédit, garantie par une tierce partie, etc. Mais dans tous les cas, y compris pour les *Ancillary Tier 3* (ce qui ne semble pas évident, même après une lecture attentive des textes réglementaires), ces produits doivent pouvoir être tirés ***on demand*** par l'assureur, sans aucun obstacle. Cette contrainte forte pose plusieurs problèmes, de **forme** : que signifie *on demand* ? Une fois le tirage notifié, quel doit être le délai avant la libération des fonds ? Des problèmes de **fond** : les régulateurs ne disposent pas de moyens coercitifs, *a priori*, pour forcer un tirage, y compris en situation tendue dans laquelle un assureur ne couvrirait plus son SCR. Ainsi, le critère fort de tirage possible à tout instant peut-il être vu comme illusoire… Un assureur pourrait en effet avoir des scrupules à tirer un instrument dilutif ou coûteux et pourrait être incité à user de tous les moyens à sa disposition pour l'éviter, sauf dans des cas de figure très particuliers (cf. études de cas SCOR et Allianz plus haut).

Mais, au-delà du formalisme juridique, ce tirage *on demand* a des conséquences très concrètes en termes de structuration et d'appétit pour les investisseurs. Ainsi, un investisseur rationnel ne raisonnera pas, lorsqu'il sera amené à exprimer son appétit pour ce type de produit, suivant la classification Solvabilité 2 (*Ancillary Tier 2* ou *Ancillary Tier 3*), mais en fonction de la classification et des **caractéristiques du titre sous-jacent**, une fois le tirage effectué ! Cela change considérablement l'approche et notamment le ***pricing*** de l'instrument. Dans ces conditions, on peut légitimement se demander s'il est intéressant d'émettre un *Ancillary Tier 3* qui, une fois tiré, serait effectivement un Tier 2, mais qui, avant le tirage, serait valorisé comme tel par les investisseurs. L'assureur n'y trouverait guère d'intérêt financier. Ce paradoxe est aujourd'hui au cœur des réflexions que certains assureurs mènent autour de ces AOF. Et finalement, peu de solutions ont été validées par les régulateurs, et peu de recettes miracles ont été découvertes par les investisseurs et arrangeurs. Quelques pistes sont néanmoins prometteuses, mais sortent du cadre de cet ouvrage (secret de fabrication oblige !).

Paradoxalement, les produits qui, à ce jour, ont été validés ne sont pas nécessairement d'une qualité indiscutable. Les premiers à avoir été validés furent les **rappels de cotisations pour les mutuelles**. Loin de nous l'idée de dénigrer ces produits qui font énormément de sens pour les mutuelles d'assurance. Mais il convient de souligner que ces instruments sont d'une qualité faible. Quelle obligation aurait ainsi un assuré mutualiste à régler le rappel de cotisation ? Il pourrait avoir intérêt à résilier sa police. Bien sûr, les assurés empreints de l'esprit mutualiste régleraient ces rappels de cotisation. Mais quelle garantie existe-t-il que les montants recherchés soient recouverts ? Et comment mesurer ce risque de « défaut », au sein d'une multitude de contreparties ? Il est en effet largement plus simple de disposer d'une contrepartie unique, notée par des agences de *rating*, et régulée, pour un tel produit *on demand*. Les régulateurs ne nient pas ces points, mais soulignent d'une façon assez tautologique que les rappels de cotisation sont effectivement explicitement cités à l'article 74 des Actes délégués… Et ils étaient également éligibles pour couvrir les besoins de marge de solvabilité sous Solvabilité 1…

Les autres solutions qui ont été validées sont les **lettres de crédit** dans leur version *Lloyd's of London*. Le régulateur britannique a émis un avis et validé une méthodologie de calcul du notionnel pour de telles solutions qui, rappelons-le, sont des lettres de crédit émises par des institutions bancaires reconnues. Ces LoC (de l'anglais *Letter of Credit*) sont de plus, selon la terminologie d'usage, « clean, irrevocable, and payable at first demand » (expression que l'on peut traduire par : irrévocable, payable à première demande). Comme dans le cas précédent, il s'agit de l'héritage d'une situation antérieure qui permettait aux syndicats actifs au sein du *Lloyd's of London* de poster le capital requis sous cette forme. L'intérêt de ces LoC est double : elles sont très flexibles, en termes de montant ou de rapidité d'implémentation. Et elles restent compétitives par rapport à d'autres instruments de capital « au bilan ». On peut estimer que, suivant les assureurs, les *fees* peuvent être entre 250 et 300 points de base par an, ce qui les rend notamment compétitifs par rapport à des instruments Tier 2 au bilan.

Les solutions de capital contingent ne sont pas les premières que doivent étudier les assureurs. Au contraire, ils doivent parachever toute l'approche, partant de la connaissance et de la cartographie précise et dynamique des risques, évoluant vers la définition de l'appétit au risque et s'achevant dans l'optimisation du capital disponible. Ces outils sont puissants, flexibles et divers. Il n'existe pas une seule sorte de capital contingent. Il en existe quantité. Chacune répond à un besoin précis et s'inscrit dans un jeu de contraintes spécifiques. De même, le sujet du capital contingent ne commence ni ne s'arrête avec les *Ancillary Own Funds*. Certes, cette dernière catégorie est spectaculaire, mais elle est complexe et, finalement, on peut s'attendre à ce que peu de solutions soient validées effectivement dans ce cadre, au-delà des deux instruments mentionnés, à savoir les rappels de cotisation pour les mutuelles et les lettres de crédit au format du *Lloyd's of London*. Plusieurs discussions sont toutefois en cours mais il est trop tôt pour les mentionner, tant que les régulateurs ne se sont pas prononcés. Il convient toutefois de noter que, parmi les trois solutions de capital contingent étudiées plus en détail précédemment, seule celle mise en place par Swiss Re pourrait peut-être s'intégrer dans le cadre des AOF. Cela n'a nullement découragé les autres acteurs et c'est heureux. Mais, au-delà des AOF, il conviendrait que les régulateurs disposent d'une approche rationnelle et économique afin de juger l'intérêt des solutions de capital contingent. Ce n'est pas le cas actuellement et cela pose un problème de fond, vis-à-vis de l'essence même de Solvabilité 2. Solvabilité 2 s'inscrit en effet, comme nous l'avons souligné à de multiples reprises, dans un changement complet de paradigme par rapport à Solvabilité 1. L'approche est désormais **économique** et **homogène**. Comment comprendre alors que la *Contingent Equity Line* puisse n'entraîner aucun bénéfice réglementaire dans le premier pilier, notamment si sa probabilité de déclenchement est significativement supérieure à 0,5 % par an et son *trigger* un copier-coller de celui d'un contrat de réassurance en excédent de sinistre ? On peut comprendre que, dans le cadre de la formule standard, il soit difficile d'intégrer une telle solution dans l'épure. Mais ce n'est sans doute pas compréhensible si l'assureur dispose d'un modèle interne *ad hoc*.

Le changement de paradigme de Solvabilité 2 modifie en profondeur la façon de gérer et d'appréhender une société d'assurance. Les dirigeants de ces sociétés sont les premiers à le reconnaître, et d'autant plus alors que les conditions de marché (marchés financiers, il s'entend) sont elles-mêmes compliquées. Mais l'introduction de Solvabilité 2 doit également changer les pratiques des régulateurs. Il ne s'agit plus d'une pratique *rule-based* mais bien *principle-based*. Cela exige des régulateurs beaucoup de flexibilité, de recul ; et sans doute davantage de moyens pour pousser les analyses économiques aussi loin que le font les assureurs. C'est vrai sur les sujets d'investissement. C'est d'autant plus vrai sur les questions de capital (contingent).

Quelques mots de conclusion

L'entrée en vigueur de Solvabilité 2 a marqué une rupture profonde dans le marché de l'assurance. Et sans doute pour le meilleur. Les règles sont tatillonnes, parfois incohérentes ou lourdes – notamment dans la formule standard – mais elles ont le mérite immense de rapprocher le référentiel réglementaire des pratiques économiques. Ne parle-t-on pas en effet de capital économique ? Les assureurs s'y sont convertis bien avant le 1er janvier 2016. L'ambition de Solvabilité 2 était bien celle-là : proposer un cadre unique et homogène, le plus proche possible d'un capital économique, appuyé sur les risques réels auxquels une compagnie d'assurance est confrontée. L'objectif a été partiellement atteint. La répartition du capital d'un assureur est aujourd'hui plus représentative de son profil de risques réel. Les actifs coûtent le plus en capital, avant les passifs. Parmi les investissements, dans l'ensemble, les actifs les plus volatils sont ceux qui coûtent le plus cher. Jusque-là, il n'y a rien de choquant. Mais, si on s'arrête à la conformité aux nouvelles règles, et à un vague dépoussiérage des stratégies de souscription ou d'investissement, on n'a pas fait un travail sérieux. Solvabilité 2 doit en fait servir d'aiguillon, de catalyseur à une remise à plat profonde de l'exploitation d'une société d'assurance. Comment les risques sont-ils mesurés ? Comment sont-ils rémunérés ? Comment optimiser, à iso-risque (et donc à iso-capital) le rendement sur fonds propres alloués ? Comment arbitrer entre les différents risques (de souscription, financiers) ? Est-il plus efficace de céder tout ou partie d'un risque souscrit *via* un contrat de réassurance ou un produit dérivé ? Comment optimiser la structure de capital ? Y a-t-il des risques qui sont mieux portés, structurellement, par certains investisseurs tiers ? Comment gérer et animer de façon systématique ces investisseurs tiers ? Y a-t-il de la place pour des instruments de capital contingent, favorablement traités ou non par Solvabilité 2 ? Quel est l'avenir de l'*originate to distribute*, revu et corrigé par le marché de l'assurance ?

Ces questions sont essentielles, mais elles doivent également s'inscrire plus largement dans l'environnement technologique et financier que connaît le monde en 2017. Les évolutions digitales sont, autant que dans d'autres industries, de formidables vecteurs de modernisation, d'améliorations opérationnelles. Elles favorisent le développement de nouveaux produits intensifs en données et temps de calcul (tels les produits à garanties individualisées comme les iCPPI), elles permettent de raffiner la tarification des risques *via* une segmentation très poussée (individualisée là encore). Elles permettent également de traiter en (quasi) temps réel des masses d'informations considérables, et donc de faire progresser les processus et la réactivité des prises de décision. Mais elles suscitent de nouvelles compétitions. Il est difficile d'imaginer une « ubérisation » du marché de l'assurance, dans la mesure où les coûts d'entrée restent considérables. Il est toutefois parfaitement possible d'imaginer *Google Assurance*, ou *Facebook Assurance*. Ces grandes *Majors* de l'Internet disposent de bases de données exceptionnelles, d'une maîtrise des technologies disruptives (surtout *Google*), d'une notoriété sans équivalent (ce qui réduit les coûts marketing) et, plus encore, d'une surface de contact avec les clients qui ferait pâlir de jalousie les bancassureurs !

Mais le panorama ne s'arrête pas là, et les sociétés d'assurance devront vivre avec un environnement de taux bas prolongé et de volatilité soutenue sur les actifs financiers. Ces conditions de marché sont certainement une coïncidence et, même si d'aucuns craignent l'importation en Europe d'une situation « à la japonaise », la théorie économique nous rappelle que des taux d'intérêt ne peuvent sérieusement être maintenus à 0 pendant une longue période de croissance. Car le monde continue à croître, y compris en Europe, même si en France nous n'en voyons guère les effets depuis quelques années... Cet environnement de taux bas pose toutefois des problèmes majeurs, à la fois sur le stock existant de contrats d'assurance, et sur le flux. Sans surprise, les assureurs qui ont vendu des contrats à taux garantis élevés, et qui dans le même temps ont, par choix ou par nécessité, dû conserver un fort *duration gap*, sont en grand danger. Les législateurs et régulateurs s'en sont rendu compte, et y ont répondu à leur manière : 1) en introduisant des règles transitoires pour Solvabilité 2, notamment sur les méthodes d'actualisation des provisions techniques, 2) en forçant les assureurs à disposer de plus de capital (règle ZZR en Allemagne) et 3) en encourageant, pour le moment *mezzo voce*, un mouvement de consolidation autour d'acteurs solides. Mais la situation économique influe sur les nouvelles souscriptions. De nombreux acteurs ont donné des instructions à leurs canaux de distribution afin de limiter – pour ne pas dire stopper parfois – les nouvelles souscriptions de fonds euro. En effet, même avec des taux garantis nuls, ces produits sont non rentables aujourd'hui ; sans parler des risques de convexité. Mais que proposer d'autre aux assurés, au moment même où la pression démographique et sociale incite ces derniers à économiser pour leur retraite ou leur dépendance ? Les Unités de Compte sont une réponse, mais imparfaite. Les assurés recherchent la performance, mais ils veulent également la sécurité. Les nouveaux contrats à garantie à terme en capital sont intéressants (produits DHP en Allemagne, contrats eurocroissance en France), mais ils sont structurellement complexes à lancer alors même que les taux sont si bas.

Dans ce contexte, à la fois lourd mais particulièrement stimulant, tous les acteurs du marché de l'assurance doivent se remettre en question. Les sociétés elles-mêmes, nous l'avons vu, qui ne peuvent plus vivre comme dans les années 1990 et doivent affronter leur révolution copernicienne. Les assurés sont aujourd'hui contraints de revoir leurs attentes et d'accepter que les taux versés dans le passé appartiennent au passé… au moins à horizon raisonnable. Et finalement, les législateurs et régulateurs doivent impérativement adopter une approche pragmatique, flexible ; anticiper pour mieux réguler ; et réfléchir plus avant à la notion de stabilité financière, plutôt qu'en termes de charges de capital qui s'ajoutent, se cumulent, et finissent par étouffer l'attractivité d'un secteur clé de l'économie. Tous les risques ne doivent pas forcément être couverts par du capital. Nous avons évoqué la question du risque de liquidité. Il y en a d'autres. La notion même de capital doit être revue et élargie. Un contrat de réassurance est une forme de capital. Un produit dérivé est une forme de capital. Un produit de capital contingent est une forme de capital. On comprend parfaitement que la formule standard de Solvabilité 2 ne peut couvrir tous les cas de figure. Les Actes délégués, publiés au *Journal Officiel de l'Union européenne*, font pourtant 804 pages ! C'est la raison pour laquelle les régulateurs doivent impérativement adopter une approche plus économique, et ne pas se lier au formalisme d'un texte qui, de l'avis général, est imparfait. Comment ne le serait-il pas, malgré le travail exceptionnel de tous ceux qui ont contribué à sa rédaction ? En tant que professionnel de marché, combien de fois ai-je vu des solutions économiquement efficaces – et sans doute plus efficaces que d'autres explicitement prévues par les textes – être repoussées par des régulateurs. Il n'est nullement question de les accabler ou de les mettre en accusation, car ils étaient de bonne foi, et reconnaissaient objectivement les vertus de ces solutions. Mais ils illustraient que nous ne sommes qu'au milieu du gué. Le référentiel prudentiel est devenu économique. La pratique doit devenir économique. Et, économiquement, la meilleure protection du marché de l'assurance, la meilleure condition de sa pérennité, la meilleure garantie pour les assurés que leurs contrats et engagements souscrits seront respectés, c'est justement que le marché de l'assurance reste prospère et attractif… pour les apporteurs de capital.

Glossaire

ABS	***Asset-Backed Security*** : titre adossé à des actifs.
ACPR	Autorité de contrôle prudentiel et de résolution : autorité de supervision prudentielle du système financier français (banque et assurance), placée sous l'autorité de la Banque de France.
ALM	***Asset Liability Management*** : gestion Actif/Passif.
AMF	Autorité des marchés financiers.
AOF	***Ancillary Own Funds*** : Fonds Propres Auxiliaires.
Available Own Funds	Fonds propres disponibles.
Back-book	Ensemble des polices d'assurance et des actifs associés souscrits dans le passé (en opposition au « front-book » qui recouvre les nouvelles souscriptions).
BaFin	***Bundesanstalt für Finanzdienstleistungsaufsicht*** : autorité de supervision financière fédérale allemande.
BCE	Banque centrale européenne.
BMTN/EMTN	Bon à Moyen Terme Négociables/***Euro Medium Term Notes***.
BRI	Banque des règlements internationaux.
Bondholder	Investisseur de dette.
Bund	Principal instrument de dette publique allemande.
Call	Option d'achat d'un titre (*call spread* : achat d'un *call* de prix d'exercice donné et vente d'un *call* de prix d'exercice plus élevé).
Capital contingent	Capital tirable en cas de survenance d'un événement prédéfini ou à la demande d'un émetteur.
Cat Bond	Obligation catastrophe : titre financier qui permet de titriser un risque d'assurance catastrophique. Le porteur reçoit un coupon et, en cas de survenance d'un événement catastrophique qui déclenche le *cat bond*, il peut perdre tout ou partie de son principal.

CDO — ***Collateralized Debt Obligation*** : titre adossé à un portefeuille de dettes financières.

CEL — ***Contingent Equity Line*** : ligne d'action contingente.

CFO — ***Chief Financial Officer*** : directeur financier.

CLO — ***Collateralized Loan Obligation*** : obligation adossée à un portefeuille de prêts.

CMS — ***Constant Maturity Swap*** : niveau de taux de *swap* de maturité constante (par exemple 10 ans).

Collar — Association d'un *put* et d'un *call*.

CPI — ***Consumer Price Index*** : indice des prix à la consommation.

CPPI — ***Constant Proportion Portfolio Insurance*** : technique financière qui consiste à gérer dynamiquement un actif risqué en arbitrant entre cet actif et une poche de *cash*, en fonction des fluctuations de marché de l'actif. Lorsque la valeur de marché de l'actif baisse, on vend une partie de cet actif pour conserver le fruit de la vente en *cash*. Lorsque la valeur de marché de l'actif monte, on réinvestit dans cet actif grâce au *cash* disponible. Cette stratégie permet de fournir à terme aux investisseurs une garantie en capital.

CRO — ***Chief Risk Officer*** : directeur des risques.

CSA — ***Credit Support Annex*** : documentation qui contractualise la gestion du collatéral et des appels de marge d'un produit dérivé.

DHP — ***Dynamic Hybrid Products*** : produit hybride associant une partie investie en produits à taux fixe et une partie investie dans un actif risqué, comme une action.

Disclosures — Publications comptables.

DNB — **De Nederlandsche Bank** : Banque centrale des Pays-Bas et régulateur du système financier néerlandais.

DTA — ***Deferred Tax Assets*** : crédits d'impôts différés.

Duration gap — Différence (en années) entre la duration des passifs garantis et des actifs adossés.

EIOPA — ***European Insurance and Occupational Pensions Authority***.

Embedded Value — Valeur intrinsèque d'une société d'assurance : somme de l'actif net réévalué et des profits futurs.

Eurostoxx Gamme d'indices d'actions en zone européenne, animée par la société Stoxx.

Fed ***Federal Reserve System***.

Flight to quality Stratégie d'investissement qui consiste, en cas de stress sur les marchés, à vendre les actifs risqués pour investir uniquement dans les obligations publiques les plus solides et sûres.

FMI Fonds monétaire international.

FSA Fédération française de l'assurance.

GAREAT Gestion de l'Assurance et de la Réassurance des Risques Attentats et Actes de Terrorisme.

GARS ***Global Absolute Return Strategies***.

High-Yield Obligations à haut rendement.

ICA ***Individual Capital Assessment*** : deuxième pilier dit « économique » de la réglementation prudentielle britannique avant l'entrée en vigueur de Solvabilité 2.

iCPPI ***Individual Constant Proportion Portfolio Insurance*** : contrats qui proposent des garanties gérées dynamiquement au niveau individuel.

IFRS ***International Financial Reporting Standards*** : normes comptables établies par l'**IASB** : ***International Accounting Standards Board***.

Investment grade Obligation de haute qualité, de notation supérieure à BBB.

Investment spread Différence entre le taux de rendement interne des actifs et des passifs.

IPO ***Initial Public Offering*** : introduction en Bourse.

IRR ***Internal Rate of Return*** : taux de rendement interne d'un investissement.

IT ***Information Technology*** **:** technologies de l'information.

ITraxx Indice de référence sur les dérivés de crédit (**CDS** ou ***Credit Default Swaps***), animé par Markit.

KPI ***Key Performance Indicators*** : indicateurs clés de performance.

LBO ***Leveraged Buy Out*** : rachat des actions d'une entreprise financé par une très large part d'endettement.

LCR	***Liquidity Capital Requirement*** : ratio de financement à court terme (inférieur à 30 jours) des banques.
Level playing field	Champ de bataille homogène.
LLP	***Last Liquid Point*** : dernier point liquide.
LoC	***Letter of Credit*** : lettre de crédit.
LTRO	***Long Term Refinancing Operations*** : opérations de refinancement de long terme lancées par la Banque centrale européenne.
Mark-to-market	Valorisation d'un titre financier au marché.
Matching premium	Marge d'ajustement.
MBS	***Mortgage-Backed Security*** : titre adossé à des créances hypothécaires.
MCEV™	***Market Consistent Embedded Value*** : mode de calcul de la valeur intrinsèque d'un assureur, fondé sur la valorisation de marché des actifs et des taux d'actualisation des passifs.
MCR	***Minimum Capital Requirement***. Capital minimum requis pour qu'une société d'assurance puisse poursuivre son exploitation.
Mortgages	Prêts hypothécaires.
MRH	Multi Risque Habitation.
NAV	***Net Asset Value*** : valeur de marché d'un fonds.
NFSR	***Net Stable Funding Ratio*** : ratio qui détermine la capacité d'une banque à se financer à moyen terme.
OAT	Obligation Assimilable du Trésor : principal instrument de dette publique française.
OPCVM	Organisme de Placement Collectif en Valeurs Mobilières.
Originate to distribute	Stratégie d'exploitation retenue par de nombreuses banques, qui consiste à souscrire des prêts (immobiliers, commerciaux) et à les céder à des investisseurs, tels des fonds de pension.
ORSA	***Own Risk and Solvency Assessment*** : analyse des risques et de la solvabilité.
OTC	***Over the Counter*** : produits dérivés négociés de gré à gré et non standardisés sur des échanges.

PIFP *Expected Profit in Future Premiums* : les profits futurs des primes futures.

PRA *Prudential Regulation Authority* : autorité de supervision prudentielle du système financier britannique, placée sous l'autorité de la Banque d'Angleterre.

Put Option de vente d'un titre (***put spread*** : achat d'un *put* de prix d'exercice donné et vente d'un *put* de prix d'exercice plus bas).

QIS ***Quantitative Impact Study*** : Étude Quantitative d'Impact.

QIS5 Cinquième étude quantitative d'impact.

Ratio combiné Somme des sinistres payés et frais généraux, frais de gestion et d'acquisition/primes reçues.

Ratio de sinistres Sinistres payés/primes reçues.

Réassurance collatéralisée Traité de réassurance souscrit par un **SPV** (***Special Purpose Vehicle***) ou par une entité non notée, qui doit donc apporter en collatéral dans des comptes séquestres (ou *via* des garanties bancaires solides) la totalité de la perte maximale prévue au titre du contrat.

REIT ***Real Estate Investment Trust***, en français SIC : sociétés d'investissements immobiliers cotées.

Repo ***Repurchase agreement*** : contrat de mise en pension de certains titres contre du *cash.*

ROA ***Return on Asset*** : revenu financier divisé par le montant total des actifs d'une société.

ROE ***Return on Equity*** : retour sur fonds propres.

RPI ***Retail Price Index*** : indice des prix de detail, légèrement différent du CPI.

SCR/BSCR ***Solvency Capital Requirement*** : cible de capital requis. ***Basic SCR*** : cible de capital requis hors risques opérationnels et effets d'amortissement liés à la participation aux bénéfices.

SIIC Sociétés d'investissements immobiliers cotées.

Swap Contrat d'échange entre deux flux. Un *swap* de taux permet d'échanger pendant une certaine durée un taux fixe et un taux variable (par exemple l'Euribor).

Swap spread — Écart entre le niveau de *swap* de taux et le taux de marché d'une émission de dette (publique ou privée).

Swaption — Option d'entrée dans un *swap* de taux (receveur : on recevra le taux fixe dans le *swap* ; payeur : on paiera le taux fixe dans le *swap*).

TIPP — ***Time Invariant Portfolio Protection*** : stratégie financière proche du CPPI, mais proposant une garantie en capital donnée (par exemple 80 % de l'investissement initial) à tout instant, et non plus seulement à terme.

Tranche iTraxx — Produit financier qui permet de sélectionner un risque de crédit spécifique, sur un portefeuille de titres donnés (par exemple 125 noms de *corporate* notés *investment grade* pour l'indice *iTraxx main*). Pour une tranche 3 %-6 % par exemple, l'investisseur ne perdra d'argent que si le portefeuille enregistre plus de 3 % de défauts. Il aura tout perdu si les défauts sur le portefeuille dépassent 6 %.

TRIA — ***Terrorism Risk Insurance Act.***

UC — **Unités de Compte** : gamme de produits d'épargne dont la valeur est dénominée en unités d'un fonds et non en euros. Dans les produits en unités de compte, les assurés sont garantis un certain nombre d'unités de fonds, mais pas leur valeur de marché. Ils portent donc le risque de marché.

UE — Union européenne.

UFR — ***Ultimate Forward Rate*** : niveau vers lequel les taux d'intérêt convergent asymptomatiquement.

Valeur temps d'une option — Différence entre le prix de l'option (par exemple obtenu dans un modèle de Black & Scholes) et sa valeur intrinsèque.

VAR — ***Value at Risk*** : définition financière de la perte statistique d'un actif financier ou d'un portefeuille d'actifs financiers, sur une maturité donnée et à un quantile donné (par exemple à 0,5 % à 1 an).

VIF — ***Value in Force*** : somme des profits futurs qu'un assureur compte toucher, statistiquement, sur un portefeuille de contrats donné. Ces profits futurs sont nets de coûts de gestion et du coût du capital nécessaire pour poursuivre l'exploitation.

Volatility margin — Marge de volatilité.

Window-dressing	Stratégie de dissimulation de certains risques financiers.
XS	Excédent de Sinistres.
ZZR	***Zinsuzatzreserve*** : réserve prudentielle additionnelle pour les assureurs vie allemand visant à lisser l'impact de la baisse des taux de marché *vs* les taux garantis aux assurés.

Bibliographie

- Directive dite Solvabilité 2, 2009/138/CE.
- Directive dite Omnibus 2, 2014/51/EU.
- Règlement délégué 2015/35 du 10 octobre 2014, complétant la directive 2009/138/CE du Parlement européen et du Conseil sur l'accès aux activités de l'assurance et de la réassurance et leur exercice – ce document est surnommé « Actes Délégués ».
- Résultat des *stress-tests* publiés par l'EIOPA le 28 novembre 2014 : « EIOPA Insurance stress test 2014 », EIOPA-BOS-14-203.
- Swiss Re, publications Sigma : www.swissre.com/sigma
- Directive européenne 2005/68/EC sur la réassurance.
- Code des assurances, Dalloz (édition 2016 publiée le 18 mai 2016). Disponible également sur www.legifrance.fr
- Pour plus de détails sur la réglementation allemande, et notamment la ZZR (*Zinsuzatzreserve*), se référer au site Internet de la BaFin (*Bundesanstalt für Finanzdienstleistungsaufsicht*), www.bafin.de
- Modèle de *rating* de Standard & Poor's : *Refined Methodology and Assumptions for Analyzing Insurer Capital Adequacy Using the Risk-Based Insurance Capital Model*, 7 juin 2010. Disponible sur www.standardandpoors.com/ratingsdirect
- *2015 Global Insurance Market Report*, OCDE.
- Pour le lecteur intéressé par les solutions d'épargne hybrides DHP (*Dynamic Hybrid Products*), « *Fair Valuation and Risk Assessment of Dynamic Hybrid Products in Life Insurance: A Portfolio Consideration* », par Alexander Bohnert et Nadine Gatzert, *Working Paper* du Département d'Économie et de *Risk Management* de l'Assurance de l'Université Friedrich Alexander d'Erlangen-Nürnberg.
- Chronique Solvency 2 de Patrick Thourot et Philippe Morin : « Solvency 2 : Le point sur les chantiers réglementaires fin 2016 », *Banque & Stratégie* n° 352, *Enass Papers* 12, novembre 2016.

Annexes

Annexe 1 – Détails sur le calcul du SCR des risques de marché

1. *Risque de* spread

- *Obligations* corporate (*et* loans) : le chargement est fonction de la duration de l'émetteur et de son *rating*.

	0 (AAA)	1 (AA)	2 (A)	3 (BBB)	4 (BB)	5 (B)	6 (<B or unrated)
<5 ans	0,9 %xD	1,1 %xD	1,4 %xD	2,5 %xD	4,5 %xD	7,5 %xD	7,5 %xD
5 à 10	4,5 %+0,53 % x(D-5)	5,5 %+0,58% *(D-5)	7 %+0,70 % x(D-5)	12,5 %+1,5 % x(D-5)	22,5 %+2,51 % x(D-5)	37,5 %+4,2 % x(D-5)	37,5 %+4,2 % x(D-5)
10 à 15	7,15 %+0,5 % x(D-10)	8,4 %+0,5 % x(D-10)	10,5 %+0,5 % x(D-10)	20 %+1 % x(D-10)	33,05 %+1,8 % x(D-10)	58,5 %+0,5 % x(D-10)	58,5 %+0,5 % x(D-10)
15 à 20	9,65 %+0,5 % x(D-15)	10,9 %+0,5 % x(D- 15)	13 %+0,5 % x(D-15)	25 %+1 % x(D-15)	44,05 %+0,5 % x(D-15)	61 %+0,5 % x(D-15)	61 %+0,5 % x(D-15)
>20 ans	12,15 %+0,5 % x(D-20)	13,4 %+0,5 % x(D-20)	15,5 %+0,5 % x(D-20)	30 %+0,5 % x(D-20)	46,55 %+0,5 % x(D-20)	63,5 %+0,5 % x(D-20)	63,5 %+0,5 % x(D-20)

- Covered bonds : même principe mais avec des facteurs plus favorables pour les *covered bonds*, du moment qu'ils respectent les règles d'éligibilité et qu'ils soient de *rating* suffisant.

	0 (AAA)	1 (AA)
<5 ans	0,7 % x D	0,9 % x D
5 à 10 ans	3,5 % + 0,5 % x (D-5)	4,5 % + 0,5 % x (D-5)

- *Obligations publiques* : les obligations publiques émises par les pays de l'Union européenne (en devise nationale *a priori*, hors règles transitoires) ou par des autorités publiques (supranationales ou régionales parfois) sont exemptes de chargement au titre du risque de *spread*.
- *Crédit structuré* : les *Credit Default Swaps* sont chargés spécifiquement, sauf dans le cas où ils sont employés en protection pour couvrir une obligation. Les tranches de titrisation (CDO[52], CLO[53], MBS[54], ABS[55]...) sont également chargées *via* des pondérations spécifiques, très lourdes en général.

---

52. *Collateralized Debt Obligation* : obligation adossée à des actifs.
53. *Collateralized Loan Obligation* : obligation adossée à un portefeuille de prêts.
54. *Mortgage-Backed Security* : titre adossé à des créances hypothécaires.
55. *Asset-Backet Securities* : titres adossés à des actifs.

2. *Risque actions*

Les actions sont rangées dans 2 catégories différentes : les actions de type 1 (cotées sur les principaux marchés mondiaux) et les actions de type 2 (toutes les autres, plus le « non coté », les *hedge funds*, les matières premières, etc.)

- Les actions de type 1 sont chargées 39 % +/- 10 % d'ajustement de cycle, hors mesures transitoires.
- Les actions de type 2 sont chargées 49 % +/- 10 % d'ajustement de cycle, hors mesures transitoires.
- Les actions portées en contrepartie de portefeuilles longs, dites dans une approche « duration », sont chargées 22 %. Pour cela, il faut que les passifs soient des passifs d'épargne retraite, que tous les actifs et passifs soient isolés (*ring fenced*) sans aucune possibilité de transfert, et que la duration moyenne des passifs soit supérieure à 12 ans.
- Enfin, les participations stratégiques sont chargées à 22 %.

Notons que ces chocs sont duaux : à la fois instantanés et sur un horizon d'un an… Ainsi, il est fort peu probable que des protections quotidiennes (dites de « gap puts ») apportent un quelconque bénéfice en termes de réduction de capital réglementaire…

3. *Risque de taux*

Le risque de taux est central pour les assureurs, notamment vie ou non-vie *long tail*. C'est un risque ALM, qui mesure l'impact net des évolutions des actifs et des passifs dans deux scénarios : un scénario de hausse des taux et un scénario de baisse des taux. Le capital à porter au titre du risque de taux est le maximum de ces deux scénarios.

Modification de la courbe à terme des taux dans le scénario de hausse des taux

Maturité (en années)	Hausse des taux
1	70 %
2	70 %
3	64 %
4	59 %
5	55 %
6	52 %
7	49 %
8	47 %
9	44 %
10	42 %
11	39 %
12	37 %
13	35 %
14	34 %
15	33 %
16	31 %
17	30 %
18	29 %
19	27 %
20	16 %
90	20 %

Modification de la courbe à terme des taux dans le scénario de baisse des taux

Maturité (en années)	Baisse des taux
1	75 %
2	65 %
3	56 %
4	50 %
5	46 %
6	42 %
7	39 %
8	36 %
9	33 %
10	31 %
11	30 %
12	29 %
13	28 %
14	28 %
15	27 %
16	28 %
17	28 %
18	28 %
19	29 %
20	29 %
90	20 %

4. Risque de change

Le risque de change est mesuré par le capital nécessaire pour absorber un choc instantané de 25 % du niveau des paires de devises (hors quelques devises qui sont censées être liées à l'euro).

5. *Risque immobilier*

Les participations immobilières physiques (hors REIT[56]) sont chargées 25 %. L'immobilier papier est chargé comme dans le risque action.

6. *Risque de concentration*

Ce module prévoit un chargement additionnel pour les lignes d'actifs qui sont trop importantes, et doit donc inciter les assureurs à une diversification dans l'allocation de leurs actifs. Sont concernés dans ce module : tous les actifs (actions, obligations, produits de taux, immobilier, etc. Sont exclus de ce module : les actifs qui sont couverts dans le module du risque de contrepartie (*e.g.* les *mortgages*, les transactions de *repo*), les titres ou prêts vis-à-vis d'entités publiques de l'Union européenne, ainsi que vis-à-vis d'organisations supranationales ou d'agences garanties par les États de l'Union européenne (UE).

Pour les lignes qui entrent dans le module du risque de concentration, le calcul suit la formule suivante :

Rating	*Concentration threshol* (CT) – limite de concentration	Gi corps	Gi Non-EEA obligation publique
AAA	3 %	12 %	0 %
AA	3 %	12 %	0 %
A	3 %	21 %	12 %
BBB	1,5 %	27 %	21 %
BB	1,5 %	73 %	27 %
<B, *unrated*	1,5 %	73 %	73 %

$$XS_i = \max\left(0, \frac{E_i}{Assets_{xi}} - CT\right)$$

$$Conc_i = Assets_{xi} \times XS_i \times g_i$$

Source : QIS5, *Draft Implementing Measures*.

Où :

- E_i est l'exposition nette vis-à-vis d'une contrepartie donnée (somme de toutes les expositions à un groupe donné).
- $Assets_{xl}$: somme de tous les actifs entrants dans le module du risque de concentration.
- $Rating_i$: notation externe de la contrepartie i.

56. *Real Estate Investment Trust*, en français SIIC : sociétés d'investissements immobiliers cotées.

Annexe 2 – Chiffres agrégés du marché européen de l'assurance (2011[57])

Actifs — Total actifs (€7.432,4bn)

Unités de compte	20,0 %
Obligations privées	22,7 %
Obligations publiques	20,4 %
Actions	10,8 %
Mortgage	4,0 %
Immobilier	2,8 %
Cash	3,8 %
Réassurance	5,9 %
OPCVM	3,7 %
DTA (Crédits impôts différés)	0,3 %
Autres	5,6 %

Passifs

Basic own funds (€941,2bn)

Capital social	1,9 %
Capital social additionnel	1,7 %
Profits non distribués	3,2 %
Ajustements d'actifs	– 0,4 %
Ajustements de passifs	2,1 %
EPIFP	1,1 %
Autres réserves	1,5 %
Passifs subordonnés	0,7 %
Autres	0,8 %

+ *Ancillary own funds* € 11,9bn (0,2 %)

Total passifs (€6.491,2bn)

Non-vie TP	6,7 %
Santé TP	4,0 %
Vie TP	45,9 %
Unités de compte TP	20,7 %
Risk margin	1,9 %
Passifs court terme	3,0 %
Passifs impôts différés	1,3 %
Autres	3,8 %

Source : EIOPA (résultats finaux Étude Quantitative d'Impact 5, chiffres pour l'UE, en %).

Les principales charges en capital sous Solvabilité 2 sont les suivantes (chiffres 2011) :

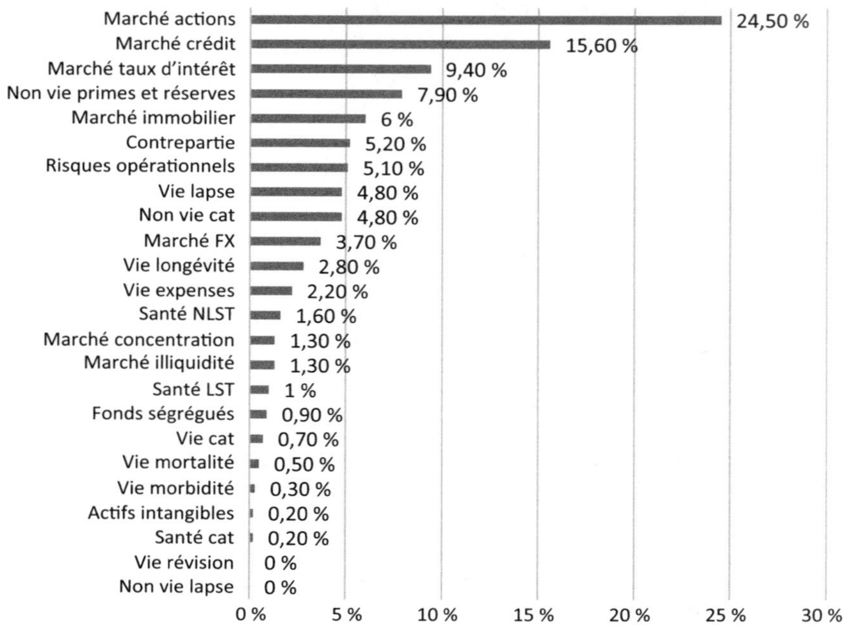

57. Derniers chiffres paneuropéens connus.

Annexe 3 – *Ultimate Forward Rate* (UFR)

Courbe des taux Solvabilité 2, décembre 2016

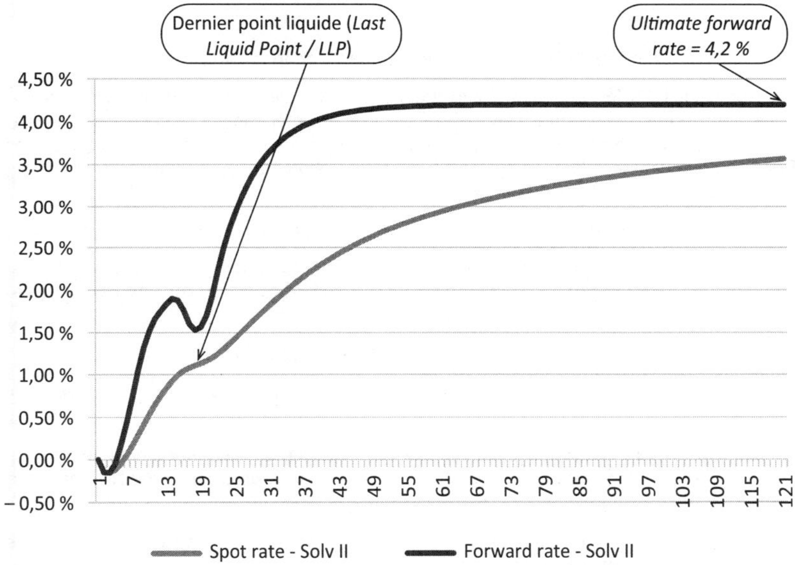

La courbe des taux utilisée par Solvabilité 2 (ici la courbe en euro) est construite en 2 parties :

- Jusqu'à 20 ans (considéré comme le « dernier point liquide », *last liquid point* en anglais, d'où le sigle LLP), la courbe reprend les données de marché.
- Au-delà de ce point à 20 ans, la courbe utilisée sous Solvabilité 2 est extrapolée jusqu'au taux cible (*Ultimate Forward Rate*) établi à 4,2 % en euro, à l'horizon 60 ans. Le chiffre de 4,2 % était établi comme la somme d'un taux réel de 2,2 % et d'un niveau d'inflation cible de 2 %. Étant donné le niveau bien inférieur des taux de marché, l'EIOPA a engagé en 2016 une réflexion pour modifier ce niveau d'UFR, notamment en le rendant variable.

Source : Exane BNPP Estimate.

Annexe 4 – Articles 74 et 75 des Actes délégués : classification des instruments *Ancillary Tier 2*

Article 74

Fonds propres auxiliaires de niveau 2 : Liste des éléments de fonds propres

Sans préjudice de l'article 96 de la Directive 2009/138/CE, les éléments de fonds propres auxiliaires suivants sont réputés présenter, en substance, les caractéristiques exposées à l'article 93, paragraphe 1, point b), de cette directive, compte tenu des facteurs visés à l'article 93, paragraphe 2, de ladite directive, et sont classés au niveau 2, lorsque les éléments suivants présentent l'ensemble des caractéristiques exposées à l'article 75 :

(a) le capital en actions ordinaires non libéré et non appelé, et appelable à la demande ;

(b) pour les mutuelles et les entreprises de type mutuel, le fonds initial, les cotisations des membres ou l'élément de fonds propres de base équivalent, non libérés et non appelés, et appelables sur demande ;

(c) les actions privilégiées non libérées et non appelées, et appelables sur demande ;

(d) un engagement juridiquement contraignant de souscrire et de payer des passifs subordonnés sur demande ;

(e) les lettres de crédit et les garanties détenues en fiducie par un fiduciaire Independent au profit de créanciers d'assurance et fournies par des établissements de crédit agrées conformément à l'article 8 de la Directive 2013/36/UE ;

(f) les lettres de crédit et les garanties, pour autant que les éléments puissent être appelés sur demande et ne soient grevés d'aucune charge ;

(g) toute créance future que les mutuelles ou associations de type mutuel à cotisations variables de propriétaires de navires, qui assurent uniquement les risques classés sous les branches 6, 12 et 17 de la partie A de l'annexe I de la Directive 2009/138/CE, peuvent détenir sur leurs membres par voie de rappel de cotisations durant les douze mois à venir ;

(h) toute créance future que les mutuelles ou associations de type mutuel peuvent détenir sur leurs membres par voie de rappel de cotisations durant les douze mois à venir, pour autant qu'un rappel puisse être lancé sur demande et ne soit grevé d'aucune charge ;

(i) les autres engagements juridiquement contraignants reçus par l'entreprise d'assurance ou de réassurance, pour autant que l'élément puisse être appelé sur demande et ne soit grevé d'aucune charge.

Article 75

Fonds propres auxiliaires de niveau 2 – caractéristiques déterminant le classement

Pour pouvoir être classés au niveau 2, les éléments de fonds propres auxiliaires visés à l'article 74 présentent les caractéristiques d'un élément de fonds propres de base classé au niveau 1 conformément aux articles 69 et 71, après que cet élément à être appelé et libéré.

Annexe 5 – Article 62 des Actes délégués : processus d'approbation des éléments de fonds propres auxiliaires (AOF)

Article 62

Évaluation de la demande

1. Aux fins de l'évaluation visée à l'article 90, paragraphe 4, de la Directive 2009/138/CE, les autorités de contrôle tiennent compte de l'ensemble des éléments suivants :

(a) l'efficacité juridique et le caractère exécutoire des termes de l'engagement sur tous les territoires concernés ;

(b) les termes contractuels de l'accord que l'entreprise d'assurance ou de réassurance a conclus ou conclura avec les contreparties pour le versement de fonds ;

(c) le cas échéant, l'acte constitutif ou les statuts de l'entreprise d'assurance ou de réassurance ;

(d) si l'entreprise d'assurance ou de réassurance dispose de procédures pour informer les autorités de contrôle de toute modification future susceptible d'avoir pour effet de réduire la capacité d'absorption des pertes de l'élément de fonds propres auxiliaires, qui serait apporté à l'un des éléments suivants :

(e) la structure ou les termes contractuels de l'accord ;

(f) les statuts des contreparties concernées ;

(g) la possibilité de récupérer l'élément de fonds propres auxiliaires.

2. Les autorités de contrôle évaluent également si l'article 90 de la Directive 2009/138/CE est respecté au regard de l'éventail des circonstances dans lesquelles l'élément de fonds propres auxiliaires peut être appelé pour absorber des pertes.

3. Lorsque l'entreprise d'assurance ou de réassurance demande l'approbation d'une méthode de détermination du montant de chaque élément de fonds propres auxiliaires, les autorités de contrôle évaluent si la procédure appliquée par l'entreprise pour valider cette méthode à intervalles réguliers permet de garantir que les résultats que celle-ci produit reflètent en permanence la capacité d'absorption des pertes de l'élément.

4. Outre les exigences énoncées aux paragraphes 1 à 3, les autorités de contrôle évaluent la demande d'approbation des fonds propres auxiliaires sur la base des critères énoncés aux articles 63, 64 et 65.

Chez le même éditeur

Hors collection

★ **Big Data : menace ou opportunité pour l'Assurance ?**
P. Thourot et K. A. Folly

★ **Capital-investissement** – Guide juridique et fiscal **(Le)**
Fr.-Denis Poitrinal

★ **Financer une entreprise par le *crowdfunding*** – Les nouvelles règles de l'investissement partic
D. Stucki

★ **Management et financement de l'innovation**
B. Yon, avec la collaboration de B. Attali

★ **Marchés obligataires** – À la recherche des nouvelles frontières du risque
S. Malécot

★ **Repères d'économie bancaire** – Les nouveaux défis du financement de l'économie
Collectif sous la direction de V. Ohannessian et T. Waxin, avec M.-A. Barbat-Layani, C. Gallès, J.
Larosière, J.-H. Lorenzi, L. Quignon et A. Sienkiewicz

★ **Solvency 2 en 200 mots-clés**
Ph. Morin et P. Thourot *(à paraître)*

Collection Droit

★ **Organismes de placements collectifs immobiliers (OPCI)** – Régime juridiques **(Les)**
É. Capron

Collection Marché / Finance

★ **Finance islamique (La)**
G. Causse-Broquet

★ **Gestion collective** – Gérants et dépositaires face à la maîtrise des risques
F. Bompaire et A. Landier-Juglar

Collection Master

★ **Analyse financière** – Approche internationale – CFA
Ph. Thomas

★ **Droit bancaire**
G. Decocq, Y. Gérard et J. Morel-Maroger

★ **Fusions-acquisitions**
Ph. Thomas

★ **Principes de finance d'entreprise** – *Corporate Finance* – Création de valeur
Ph. Thomas

Collection Les essentiels de la banque et de la finance

★ **Banque et matières premières** – *Commodity Trade Finance*
D. Leboiteux et F. Constant

★ **Banque et son environnement en zone euro (La)**
J. Siliadin

★ ***Bitcoin & Blockchain*** – Vers un nouveau paradigme de la confiance numérique ?
D. Geiben. O. Jean-Marie. T. Verbiest. J.-F. Vilotte

★ **Cyber-risques** – Le nouvel enjeu du secteur bancaire et financier
L. Zicry *(à paraître)*

★ ***Fintech* et droit** – Quelle régulation pour les nouveaux entrants du secteur bancaire et financier ?
Th. Bonneau et Th. Verbiest

★ ***Hedge Funds*** – Une analyse critique
C. Kharoubi

★ **Innovation financière au service du climat (L')** – Les Obligations à Impact Environnemental
A. Bouzidi et M. Mainelli

★ **Introduction au *Private Equity*** – Les bases du capital-investissement. France, Belgique, Luxembourg et Afrique francophone
C. Demaria

★ **Investissement à haut rendement sociétal (L')** – La révolution de l'*Impact Investing*
C. Antignac et B. Attali

★ ***Leveraged Finance*** – Financement d'acquisition
A.-S. Moinade et Ph. Thomas *(à paraître)*

★ **Révolution *FinTech* (La)**
R. Bouyala

Retrouvez tous les ouvrages publiés chez RB Édition
www.revue-banque.fr

Imprimé en France. - JOUVE, 1, rue du Docteur Sauvé, 53100 MAYENNE
N° 2522849F - Dépôt légal : mars 2017